7招
成为学习高手
引导孩子爱上学习

丁娜 王巍 著

天津出版传媒集团

天津科学技术出版社

图书在版编目（CIP）数据

7招成为学习高手：引导孩子爱上学习 / 丁娜，王巍著. -- 天津：天津科学技术出版社，2023.11
 ISBN 978-7-5742-1629-7

Ⅰ．①7… Ⅱ．①丁… ②王… Ⅲ．①中小学生－学习方法 Ⅳ．①G632.46

中国国家版本馆CIP数据核字(2023)第185978号

7招成为学习高手 ： 引导孩子爱上学习
7 ZHAO CHENGWEI XUEXI GAOSHOU : YINDAO HAIZI AISHANG XUEXI
责任编辑：李晓琳

出　　版	天津出版传媒集团 天津科学技术出版社
地　　址	天津市西康路35号
邮　　编	300051
电　　话	（022）23332695
网　　址	www.tjkjcbs.com.cn
发　　行	新华书店经销
印　　刷	天宇万达印刷有限公司

开本 880×1230　1/32　印张 5　字数 80 000
2023年11月第1版第1次印刷
定价：36.00元

序言

自主学习力的隐藏价值

不少老师和父母在催促孩子学习的时候，其目的也只是让孩子巩固和强化所学知识，让孩子取得优异的学习成绩，仅此而已。

其实，在学习的过程中，更加宝贵的隐藏价值是它还可以帮助孩子塑造优秀的品质，而这些品质正是孩子面向未来的生存能力，它们能够让孩子更好地适应这个复杂的世界。所以，培养孩子自主学习的能力，就是在帮助孩子培养优秀的品质以及生存技能。

具体来说，学习的隐藏价值包括以下几个方面。

1. 责任感

著名作家余华曾经说过，中国年轻一辈人里面，有很多优秀者，但很少有能抗得了事儿的人。什么是能扛事？说白了就是有责任和担当。

那么，为什么说缺能扛事的人呢？究其原因就是很多父母替孩子承担了本应孩子自己承担的责任，使孩子缺少担当。学习就是其中的例子之一。

学习是孩子自己的事，也是孩子的责任。如果父母过多地参与到孩子的学习中，把本应孩子承担的责任揽到自己身上，最终，孩子可能看似完成了学习任务，却失去了承担责任的机会，以致孩子的责任感难以建立。

2. 自主力

自主力就是懂得自我管理，自强自立，不依赖他人。拥有自主力，对一个人的事业、未来都有益处，所以父母要培养孩子的自主力。从这个意义上来说，学习是一个新的起点，家长要利用学习这个机会，促进孩子的成长。

对任何人来说，遇到问题，依靠别人来解决当然是最省力的方法。比如，当孩子在学习上碰到困难的时候，大人如果给孩子提供一些思路或者建议，很多时候都能让孩子更加轻松地完成学习任务。但如果再进一步，大人承担起全部的责任，那孩子的自主性会因此变得越来越差。

3. 主动性

一个主动性强的人，其主要特点就是善于自我激励，内驱力强。当孩子在学习时，是自发自愿地去学的，还是受外界的影响去学的，这之间的差别很大。

比如说孩子学习，如果是因为父母催促才去学的，那么孩子对待学习的态度大多是被动的，如此一来，学习的效率就会大打折扣。

学习能力加上学习态度，决定了孩子的学习成果。那些主动性强的孩子，他们的学习效率也会更高。

4. 时间管理

很多孩子在学习的时候总喜欢拖拖拉拉，本来半个小时应该完成的作业却要做两个小时。孩子没有时间观念，学习效率自然就会低下。

不要觉得时间管理是无足轻重的事,一个人的精力有限,只有合理有效地管理时间,把最优的精力、最多的时间用在学习上,孩子的成绩才会得到提高。

5. 意志力

孩子在成长的过程中,难免会遇到很多困难和挫折。畏难会让孩子害怕失败,不敢发起挑战。假如孩子在困难面前退缩、止步,那么,他就无法体验成功。

在学习这件事情上,孩子出现畏难情绪的原因有很多,比如自身能力不足,或者对父母有依赖……不管是出于何种原因,最关键的一点是,我们要培养孩子的意志力,这样他才不会一遇到困难就退缩,或者一味地寻求帮助。

6. 创造力

学习,单靠死记硬背一些固定的知识点,这是远远不够的。学习更需要孩子的创造力。孩子未来的核心竞争力也离不开创造力。一个创造力强的人，才能够灵活地找到解决问题的方法。

当孩子因为学习上的难题而感到沮丧的时候，我们不要直接告诉孩子怎么做，或者帮孩子扫清障碍，而是应引导孩子开拓思路，寻求方法，给予孩子更多的独立解决问题的机会。

本书对如何培养孩子的责任感、自主力、主动性、意志力、创造力和时间管理能力进行了详细的讲解，可以帮助家长激发孩子内在潜能，让孩子为拥有这些能力而主动努力，最终让孩子拥有自主学习的能力，从而拥有从容面对未来的生存能力。

目录

第1招 培养责任感：尽责性是学霸的共同品质

张小西妈妈的自述 // 002

学习究竟是谁的事 // 004

影响孩子自主学习的陷阱有哪些 // 007

孩子需要私人的学习空间 // 011

懂得克制，切忌无条件地帮助孩子 // 014

提供合理帮助的三个原则 // 017

学习加油站 增强孩子的责任感 // 021

第2招 提升自主力：让孩子养成自主学习的习惯

李小乐妈妈的自述 // 026

自主力奠定学习力 // 030

书桌整洁让孩子学习更积极 // 034

在整理学习用具中提升自理能力 // 038

教孩子养成列清单的好习惯 // 043

不过度参与孩子的学习 // 046

学习加油站 培养孩子自主学习的好习惯 // 049

第3招　调动主动性：激发潜能，唤醒孩子的内驱力

刘丫丫的故事 // 054

奖励机制的弊端 // 058

三招引爆孩子的学习内驱力 // 061

不要把"别人家的孩子"挂在嘴边 // 065

赋能让孩子更加独立自主 // 067

学习加油站 良性暗示，有效地运用鼓励 // 071

第4招　学会时间管理：合理利用时间，提升自我效能

马伊伊的故事 // 076

掌握时间管理窍门，提高学习效率 // 081

重视学习的前十分钟，从易到难入手 // 085

引导孩子做好自我管理 // 087

不要轻易打破孩子的学习习惯 // 091

学习加油站 树立时间观念，让孩子做时间的主人 // 095

第5招　增强意志力：正确看待失败，培养孩子学习的持久力

文小杰的故事 // 100

帮助孩子消除畏难情绪 // 103

拆解大目标，让学习变得更加轻松 // 107

培养孩子对自我能力的信心 // 110

对抗本能，帮助孩子克服懒惰情绪 // 113

学习加油站 磨炼意志，提升孩子的抗挫力 // 116

第6招　开发创造力：提升孩子的核心竞争力

徐大智的故事 // 120

创造力可以提升解决问题的能力 // 123

让孩子在挖掘乐趣中探索世界 // 126

帮助孩子戒掉电子产品的瘾 // 128

包容过错，犯错是学习的好机会 // 130

学习加油站 培养孩子解决问题的能力 // 133

第7招　学习习惯养成打卡，21天提高自律力

    21天习惯养成卡，成就自律的孩子　// 138

    积分奖励卡，激励孩子保持自律力　// 141

后　记　写给家长的一封信

第1招

培养责任感：尽责性是学霸的共同品质

对于孩子来说，对学习的责任感是激发他努力学习，不断进取的动力，也是他在学业上取得成功的催化剂。

张小西妈妈的自述

我的儿子叫张小西,现在正在上小学三年级。在学校的时候,只要没有老师的叮嘱,他就无所事事地坐着发呆、趴在桌子上睡觉,或者跟同桌说悄悄话。一个老师面对的是一个班级的学生,不可能一直盯着他一个人,所以,他几乎每天都会把课堂上遗留的问题带回家。

最要命的是,张小西总是忘记老师布置了什么家庭作业,我不得不给老师打电话询问。后来,老师会提前把家庭作业发在家长群里,每天,我都得帮他整理作业清单,而他一点儿也不关心,因为需要写什么我会告诉他。

由于张小西在课堂上总是走神,所以,老师在课堂上讲的知识,他很多都没有听懂,每次做家庭作业的时候,我不得不一步一步地为他讲解。很多时候,我一边说,他一边写下我所说的步骤。我知道,这意味着他并没有动脑去思考这道题该如何解答,他只是把我说的答案写上了而已。但是，如果我不为他讲解，他就不能完成学习任务。

毫不夸张地说，每天晚上，我的时间都花费在了辅导张小西学习这件事上。我不明白为什么其他孩子三四十分钟就能完成的作业，他却需要花三四个小时。一般来说，孩子在九点钟的时候就应该睡觉了，而张小西要在九点钟才能完成作业，有时候甚至拖到十点钟，所以，自从上小学之后，张小西就没有按时睡过觉了。

另外，每次辅导张小西做作业的时候，我都会忍不住大发脾气，看到他被我训斥得很害怕的样子，我又陷入自责当中，怪自己不够耐心：他还是个孩子，还没有开窍，是不是我对他的要求太过苛刻？我不断地告诉自己：慢慢来，一切都会好起来的。但是，这样的状态根本不会有任何改变，它就是一个恶性循环，让我无力改变。

其实，因为家庭作业引发的闹剧每天都在无数个家庭中上演，尽管每个孩子的情况有所不同，但是存在的问题都大同小异。

学习究竟是谁的事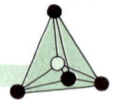

关于学习这件事的困惑,其背后最根本的问题是"学习究竟是谁的事?"

答案很简单,是孩子自己的事。很多人都懂得这个道理,包括孩子自己。但是,父母的做法却让这件简单的事变得复杂了。

作为父母,我们把孩子的学习成绩是否优秀、孩子对待学习的态度是否认真当成自己的责任,这无可厚非。因为我们的初衷是让孩子变得更加优秀,所以我们没有意识到这样的做法有什么不对。很多时候,我们的行为实实在在地把孩子的学习问题转移到了自己身上。

首先,从情绪上来说,当孩子的学习成绩不好,不能按时完成作业的时候,最沮丧生气的是孩子的父母。孩子表现不好,我们会因此而大发雷霆、训斥孩子,而孩子却对学习不好没有过多的不良感受。这就证明了我们在情绪上为孩子分担了本应他自己承当的责任和后果。

其次，学习这件事在具体的执行过程中，已经不是孩子自己的责任了。比如说当孩子不能完成作业的时候，谁在为此而努力？是父母。为了能够让孩子学习，父母施以各种手段，比如鼓励、"贿赂"、哄骗等，这样做的结果就是，孩子依然置身事外，父母替孩子做本应他自己做的事。

前几天有位朋友向我诉苦，说他刚上初中的儿子成绩很差，他非常不能接受这个事实，不知道哪个环节出了问题，于是决定亲自监督孩子学习，摩拳擦掌地当上了孩子的家教。就这样斗智斗勇地过了几个月，孩子的成绩依然没有什么起色，反而把他们的亲子关系搞得异常紧张，这让朋友非常沮丧和不理解。

出现这样的结果，并不是孩子的智商出了问题，而是家长的角色出现了错位，家长不是老师，不应去做老师的事情。

事实上，任何人在别人的监督下做事情，都会感到不愉快，那双盯着我们的眼睛会让我们很不舒服，没有办法完全专注，学习也是如此。

父母像监控器一样督促孩子学习，这样做的结果不是孩子变得更加主动积极，而是产生依赖心理和逆反心理：

您不督促，我就不学习，看您拿我怎么办？有时候，孩子还会为了应付父母的监督和唠叨，使出各种招数，有的孩子甚至撒谎，编出各种理由来搪塞父母。

我们这一代人还是学生时，父母很少管孩子的学习，也不会检查孩子的作业。但很早的时候，我的父亲就告诉我："读书不是为了父母而读，而是为了你自己。不吃学习的苦，将来必定会吃生活的苦，而这份苦，没人替你分担，只能自己咽下。"

我不能说我父亲的教育方式就一定是正确的，我自己也没有被培养成为多么了不起的人才，但是，最起码我成长为了一个自强自立的人，懂得承担自己的责任和义务。

可以说，在孩子成长的过程中，求学是一个漫长且重要的环节，在这个环节中，老师、家长、孩子各有自己的责任，我们要分清这个界限。如果父母将孩子本应承担的责任承担起来，替孩子做他本应该做的事，久而久之，孩子就会变得不负责任。

因此，父母要把孩子的责任和义务还给孩子，让他知道什么是责任感。相信我，外力的逼迫，远远抵不上孩子的内驱力，只有孩子主动去学，才能持续不断地激励他自己，才能在学习这场"马拉松"中跑赢大多数人。

影响孩子自主学习的陷阱有哪些

从张小西的故事中可以看出,父母过多地帮孩子学习,会让孩子懒于去改变自己。其实,出现这样的结果与父母息息相关,父母从一开始就挖了很多陷阱。下面我们就来看看,父母在培养孩子自主学习的过程中都挖了哪些陷阱。

陷阱一:分担孩子的责任

学习是孩子自己的事情,但是孩子的家庭作业却是父母在操心负责。就像张小西的妈妈一样,每天为张小西整理作业清单,而张小西呢,他对学习并没有这么大的热情。

事实证明,在学习这件事上,父母做得越多,效果不一定越好。因为在学习上,父母承担的责任越多,本应由孩子承担的责任就越少。如果我们不给孩子承担责任的机会,孩子就难以变成一个有责任心的人,更不会去改变自己的行为。

陷阱二：直升机式育儿

什么是直升机式育儿？意思是父母像直升机一样盘旋在孩子的上空，孩子的一切活动都离不开父母的眼睛。很多父母在孩子学习的时候，担心孩子注意力不集中，写作业不认真，于是总围绕在孩子的身边，以便随时能监督孩子。

事实上，要想让孩子自主学习，父母首先要学会放手，千万不要去做孩子的监工，否则孩子的自主学习习惯是难以养成的。

陷阱三：挑错和打断

在孩子学习的时候，很多父母总是管不住自己的行为，喜欢打断孩子，或者为孩子纠错，一会儿告诉孩子这个字写错了、那个词用错了，一会儿又提醒孩子坐端正，保护好眼睛，要多喝水……

试想，你正在认真做一件事的时候，总是有人在你旁边不断地挑错或打断你，你的心情会怎样呢？在这种状态下，你还能静下心来专心做事吗？答案显而易见。挑错和打断不是辅导和帮助孩子，而是在破坏孩子的专注力。

陷阱四：代替孩子思考

为了确保孩子顺利完成作业，很多父母会像张小西的妈妈那样为孩子讲解题目，甚至会为了提高孩子的学习效率，直接告诉孩子答案，还不忘嘲笑孩子是个小笨蛋，连如此简单的题目都不会。

代替孩子思考，剥夺孩子独立思考的机会，会让孩子逐渐习惯"小笨蛋"这个角色，甚至养成习得性无助心理。学习的时候完全依赖于父母，离开父母，他的大脑就会一片空白，最后真的会变成连最简单的题目都不会的小笨蛋。

陷阱五：消极暗示

有一次，我正在写一个非常重要的方案，女儿拿着她的音乐泡泡机，在一旁呼啦啦地吹泡泡，严重影响了我的工作效率。我心里想对女儿说"走开，不许再吹了"，但是，我抑制住了自己的这种冲动，因为我知道，我越这样讲，孩子可能越觉得有趣，会更加有捣乱的兴致。

于是，我对女儿说："来，宝贝儿，妈妈交给你一个任务。从现在开始,你必须吹一个小时泡泡,不许停下来。"

刚开始女儿很兴奋,非常积极地吹着泡泡,可是不到十分钟的时间,女儿就有点儿心不在焉了,我明显看到她的心态从开始捣乱变成了觉得有很沉重的负担。很快,她就走到我面前说:"妈妈,我不想吹了。"

其实,这个事情的本质是我给孩子添加了负面的情绪,也就是给她做了很多消极暗示。

在学习这件事情上也是一样。当我们对孩子说"你必须写完这张卷子再吃饭"的时候,其实就是在给孩子添加负面情绪和消极暗示,这样的施压不但不能提高孩子的学习效率,反而会让孩子产生厌学情绪。

那么,如何才能避免踏入陷阱,选择一条正确的道路呢?接下来,我们会就这个问题进行详细的探讨。

孩子需要私人的学习空间

如果你也因为孩子的学习问题而身心俱疲，如果你正想把自己从这恶性循环中拯救出来，那么，你首先要做的就是把孩子从自己的眼皮底下"挪"出去，也就是说，你需要给孩子创造一个私人的学习空间。

首先，私人的学习空间本身就是给孩子的一种心理暗示：在这块区域所进行的事情，完全要由他自己负责。这样我们就明确了学习是孩子自己的责任这个定义，这对于培养孩子自主学习的责任感是非常有帮助的。

当我们对孩子过于关注时，孩子就会认为他拥有一种掌控家庭成员的特殊权力。比如，孩子在写作业时，父母如果过于关注，孩子就会产生依赖性，以致做作业的效率大打折扣。大多数时候，孩子并不是故意要这样做的。孩子的行为是以目的为导向的，孩子的觉察能力很好，当发现父母会因为自己不能独立完成作业而把更多精力放在自己身上时,孩子就会错误地认为只要自己啥也不会做就能得到父母更多的爱,以致更加难以独立。

其次,私人的学习空间会让孩子快速地进入学习状态,提高学习效率。为什么会这样呢?这是因为孩子在进入这个特定场所的时候,内心的潜意识会进行自我调节,然后迅速地进入状态。

最后,私人的学习空间更有利于学习习惯的养成。在我国的义务教育阶段,小学的学习任务最少,却占据了一半多的时间。为什么会这样呢?第一是因为孩子小,理解能力相对较弱,所以需要循序渐进地学习。第二个原因就是小学阶段真正重要的是良好学习习惯的养成。大多数人在后来的学习过程中,都依赖于小学阶段养成的学习习惯。

因此,培养孩子良好的学习习惯非常重要。只要在小学能养成良好的学习习惯,即使孩子当时的学习成绩并不是最优秀的,但当孩子学习的后劲显现出来时,他就会变成一匹黑马。

对于孩子良好学习习惯的培养,我们需要做一些明确的计划和任务管理。如果孩子拥有一个专门用来学习的区域,我们的计划和任务管理就能用很明显的方式呈现。

那么,如何打造孩子的私人学习空间呢?

首先,我们需要开辟一个完全独立的空间,最好是孩子的房间。如果孩子没有自己的房间,可以是客厅的一个角落。这个区域最好是完全独立的,当孩子一走进这个区域,就能安静地学习。

其次,我们需要为孩子准备好学习用具。比如各种笔、尺子、橡皮、圆规、字典、学习资料等。如果条件允许,你还可以在这个区域里安排一个书架,以便孩子随时取阅。

最后,在布置这个私人空间的时候,要保证这个小天地的舒适度。比如说舒适的椅子、与孩子身高相匹配的书桌、适宜的光线等。

另外,我们还可以让孩子参与进来,跟我们一起布置他的私人学习空间。

懂得克制,切忌无条件地帮助孩子

我们反复强调学习是孩子自己的事情,也给了父母很多的指导和建议。大多数父母也都明白这个道理:孩子需要为自己的事情负责。

道理谁都懂,但真正在学习中实行起来却很难,因为在这个过程中会出现很多状况。比如说孩子不能按时完成作业,或者是错写、漏写作业,在课堂上跟不上,理解能力差,学习成绩提不上去……上述任何状况的出现,都会让父母觉得自己责任重大,于是就会像张小西的妈妈那样及时"补救",全身心地投入到督促孩子的学习上,甚至为了让孩子能够按时完成作业,无条件地帮助孩子。

这样错误的弥补行为,只会让结果变得更糟糕,这并不是危言耸听。

无条件地帮助孩子,非常容易让孩子产生依赖性。

相信我,在孩子没有开口之前,你不需要做任何事情，即使孩子向你寻求帮助，也不要在第一时间给答案，要让孩子认识到学习是他自己的责任。

所以，孩子在学习的时候，我们一定要学会克制自己，千万不要过于主动问"需要我为你做些什么吗？""这道题你会做吗？"等。

或许你会像张小西的妈妈一样担心孩子记不住自己的家庭作业，所以总是反复跟老师确认孩子的作业清单。其实，只要你给孩子锻炼自己的机会，放手让孩子去承担起这个责任，你会发现，孩子会给你一些意外的惊喜。那些你以为孩子做不到的事，孩子不但做得到，而且能做得很好！

假如你实在不放心孩子，你可以帮孩子准备一个记事本，让他每天记下老师布置的作业清单。这不单单是在帮助孩子培养自主学习的能力，也是在培养孩子独立面对生活的生存能力。

如果孩子实在记不住自己的学习任务，总是无法完成作业，我们可以运用"自然惩罚法法则"来帮他改正。

"自然惩罚法法则"是十八世纪法国著名教育家卢梭提出的。卢梭指出："儿童所受到的惩罚，只应是他的过失所带来的自然结果。"意思是说，当孩子犯了错，不应该对孩子进行过多的指责或抱怨,而是让孩子自己承受错误造成的后果,如此才能让孩子在承担后果的痛苦过程中自我反省,从而让孩子学会弥补过失,改正错误。

没有人愿意承担不好的后果,当孩子发现这件事必须自己负责的时候,他也就真的承担起这个责任了。

学习就是在攀越一座又一座巨大的山峰,记住自己的作业清单是向上攀登的第一步。如果第一步都不能很好地迈出去,那么,孩子该如何去翻越之后的重重险峰?所以,趁现在还来得及,放手让孩子自己去做,去提升自身的能力吧!

提供合理帮助的三个原则

学习是孩子自己的事情,这是毋庸置疑的。

当然,这并不是说孩子不可以向父母寻求帮助。如果孩子遇到实在无法解决的难题,也可以向父母寻求帮助的,但是我希望这是在孩子尝试了所有的方法之后。

那么,如何为孩子提供帮助才是正确的呢?请务必遵守以下三个原则。

原则一:不要代替孩子思考

当孩子向你寻求帮助的时候,你可以给他一些启发,引导他自己思考。如果他依然不知道怎么解答,你可以就某个步骤给孩子做进一步的演示,或者是举例说明,千万不要像张小西的妈妈那样全部讲解,甚至直接说出问题的答案,代替孩子思考。

如果你已经给孩子做了演示和举例说明,孩子还是一脸懵的状态,那么很有可能是孩子在上课的时候,就像张小西一样根本没有认真听讲,一味把希望寄托在妈妈身上。

我们也可以给孩子提出建议,比如说让他向任课老师寻求帮助。你可以这样对孩子说:"这是你课堂上遗留的问题,或许你应该请你的任课老师再为你讲一遍。下次如果你在下课后发现自己没有听懂,一定要在课间或者放学后及时找老师问清楚。我不是老师,无法胜任老师的工作。如果这道题你实在不知道如何解答,就先做其他的作业,等明天问过老师之后再做吧。"

或许我们这样说会让孩子无法按时完成作业,但这样做能把孩子最真实的情况反映给他的任课老师,让老师对孩子的情况更加了解,也会让孩子明白课堂上认真听讲的重要性。假如我们没有原则地帮助孩子,不但会让孩子养成依赖心理,还会掩盖孩子知识掌握不够牢固的事实,从长远来看,这不利于孩子学习的进步。

原则二:不要试图取悦孩子

当你不再愿意无条件地替孩子解决问题之后,孩子可能会抱怨、哭闹,会指责你不够关心他的学习成绩等。这个时候，我们一定要坚持第一个原则，不要内疚，更不要试图去取悦孩子。或许在这段时间，你的孩子会讨厌你，但是，为了帮助孩子学会自主学习，磨炼孩子的意志，让孩子变得更坚强，很多时候，我们必须做出一些让孩子讨厌的行为。

现如今，很多父母甚至不愿意做让孩子不开心的事，都想着如何取悦孩子，努力让孩子开心。但是，他们不知道的是，在取悦孩子的过程中往往剥夺了孩子提高自己能力的机会。"父母之爱子，则为其计深远。"为了长远的利益，父母通常需要牺牲孩子眼前的快乐。

原则三：不要为了孩子勉强自己

当孩子遇到一些难题的时候，我们可以合理地帮助孩子。这个合理一方面是说不要过度地帮助孩子，另一方面也是告诫我们要量力而为。

现在孩子们所学的知识面越来越广，而我们又丢下课本很多年了，当我们发现孩子的问题我们无法解答的时候，不要为了维护形象而勉强自己。因为当你努力半天才能一知半解的时候，反而会感到挫败和沮丧，而你的这种情绪也会传染给孩子。

假如你能适当示弱,勇敢地承认自己的弱点,并不耻下问,不但能让孩子明白向别人请教并不是一件可耻的事,还能提升孩子的自信心,减少孩子的挫败感,因为这道题爸爸妈妈也不会。

所谓术业有专攻,当我们也被孩子的问题难倒的时候,也正是把孩子的学习问题转交给老师的最好机会。

相信我,当你这样做的时候,或许孩子原本不会的题,突然就会做了。即使真的不会,孩子也会自己承担这个后果。当他学会了向老师寻求帮助,学会了自己承担后果,他就会自己解决在学习上遇到的大多数麻烦。更重要的是,承担几次后果后,孩子在课堂上一定会更加认真、专注地听讲。

学习加油站

增强孩子的责任感

什么是责任感？责任感就是自觉做好分内事的态度，是一个人人格组成的重要部分，是人身上最优秀的品质之一。一个有着强烈责任感的人，他会尽最大的努力把自己应该做的事办好；而一个没有责任感的人，做事态度敷衍，遇事推脱。

所以，对于孩子来说，对学习的责任感是激发他努力学习，不断进取的动力，也是他在学业上取得成功的催化剂。有责任心的孩子，会尽自己最大的努力完成自己的学习任务，对自己负责，不依赖父母。那么，我们该如何增强孩子的责任感，让孩子勇于承担起自己的责任呢？

Step1：让孩子承担一些力所能及的家务

增强孩子责任感最有效的方式就是把孩子视为家庭中的一员，让孩子像大人一样参与到家庭生活中来，让他也承担一些家庭责任。想要达到这个目的,最直接的方式就是给孩子分配一些日常家务。

我们可以让孩子从一些简单的小事做起,比如餐前帮忙摆碗筷,餐后帮忙收拾餐具,负责收拾自己的玩具,保持自己的房间干净整洁,洗自己的袜子,等等。当然,随着孩子年龄的增长,我们也可以适当扩大家务的范围,比如说打扫卫生、洗碗、倒垃圾等。让孩子从小事中认识到一份责任,他以后才能在大事上有担当。

做家务不但能培养孩子动手的习惯,还能让孩子获得价值感和归属感,这是对孩子身份的认可和肯定。所以,我们需要为孩子创造承担责任的机会,让孩子做一些力所能及的事,让他实现自己的价值。

请记住,价值感和归属感所带来的安全感,是孩子从其他任何地方都无法获得的。当孩子的内心总是想着为家庭做一些贡献,而不是一味地要求家人为自己付出的时候,孩子自然就会成为一个有责任感的人。

Step2:敢于让孩子为他们的行为承担后果

生活中,很多父母喜欢替孩子承担过失,当孩子犯错之后,很多父母二话不说便帮孩子收拾了"烂摊子"。这样往往会使孩子失去认识错误，自我反省的机会，从而让孩子成为一个推卸责任，没有担当的人。

当孩子在生活中或者学习上犯错时，我们可以先倾听孩子的声音，再说出自己的感受。记住，不要在盛怒的时候采取任何措施，给自己和孩子一些时间，待大家都能够心平气和的时候再解决问题。

你可以站在一个旁观者的角度，告诉孩子这样做会导致什么后果，启发他发现错误，进行自省，并让他自己决定怎么解决。我们也可以向孩子提出建议，然后借机指出孩子的错误，并让孩子主动去承担责任，弥补错误。必要的时候陪孩子一起解决，但绝不是代劳。

Step3：言传不如身教，给孩子树立榜样

我国著名教育家陈鹤琴说："家庭教育对父母来说首先是自我教育。"美国自然天才教育家斯特娜夫人也指出："孩子是父母的影子，为了培养孩子的品德，父母的行为要自慎，应处处做孩子的表率。孩子好的行为或坏的行为，都是父母教育和影响的结果。"由此可见，父母自身所具备的道德品质、人格修养会潜移默化地对孩子产生影响。

父母是孩子的第一任老师，要想孩子从小就有良好的行为和习惯，父母除了多关心、多鼓励、多指导之外，最重要的还是言传身教。孩子是在模仿中学习的，父母规范自己的行为，为孩子塑造一个良好的成长环境，如此，孩子才能成为一个懂得自我控制，学习习惯良好，有责任心的人。

第2招

提升自主力：让孩子养成自主学习的习惯

不管是在生活中，还是在学习上，你必须给孩子健康的依赖，这对父母来说，或许很难把握好这个度，但是，这是培养孩子自主学习力的基础，所以，请务必做到。

李小乐妈妈的自述

我是一个陪读妈妈,我的女儿李小乐正在上小学四年级。从一年级开始,我一直兢兢业业地陪她写作业,一点儿也不敢松懈。然而,我越是卖力,孩子却变得越来越拖拉,越来越不自觉。

曾经有段时间,我感到无比焦虑,每当看到小乐写作业时拖拉磨蹭、东漏西错,一会儿要喝水,一会儿要去上厕所,我的怒气值就噌噌往上升,最后搞得鸡飞狗跳。

我感觉我已经不是原来的自己了,我的脾气越来越暴躁,女儿稍微有点儿错,我就开始"河东狮吼"。更加让我沮丧的是,女儿似乎对我的暴跳如雷无动于衷,摆出一副"他强任他强,清风拂山冈;他横任他横,明月照大江"的姿态。

这样的日子持续了很长一段时间,女儿的表现无数次让我心灰意冷,我自己的表现也无数次让我内疚悔恨。想到未来的路还如此漫长，我时常会心生绝望，那种感觉实在是糟糕透了，我再也不想经历第二遍。

我有想过放手，让孩子为自己的学习负责，但是我又担心假如我真的放手了，孩子的成绩会变得更加糟糕，我怕事情变得不受控制，于是，我又说服自己攥紧手里的这根绳。但是，事情并没有任何好转，最后，我不得不找专业的老师进行咨询。

在专业老师的指导下，我渐渐意识到，孩子变成这样并不是孩子的问题，而是我的问题，一开始，我就没有给孩子独立成长的机会。于是，我决定和自己和解，和孩子和解。我试着学会放手，不再焦虑地盯着女儿学习，而是有意识地培养她的自主力。

当我下定决心后，我开始从女儿的家庭作业中逐渐退出。当女儿第一次听到我拒绝为她提供帮助的时候，她抱怨、愤怒、哭闹，甚至指责我不关心她的成绩，但是，这次换我摆出一副"他强任他强，清风拂山冈；他横任他横，明月照大江"的姿态了。

当我这样做后，事情并没有像我想象中的那样失控，相反，在经过了一段时间的"兵荒马乱"之后，女儿终于学会了独立完成家庭作业。我内心窃喜，原来女儿并不是做不到，而是习惯性依赖我，这让我更加放心大胆地放手了。

每天吃过晚饭后，我让女儿自己在家写作业，我则去楼下的小区里散散步。我的心情越来越舒畅，心态也越来越平和，和女儿的沟通也不像以前那么剑拔弩张了。一段时间过去后，女儿的自主能力越来越强，学习习惯越来越好，学习成绩也突飞猛进了。

现在看来，问题的根源是我太不相信女儿的能力了，所以才会盯着她学习，帮她解决学习上的"拦路虎"。这样做的结果就是，女儿的依赖性越来越强，自主力越来越差，自然也就越来越不自觉了。

回想那一段时光，大多数焦虑都是我自己造成的。因为我对孩子的能力没有信心，所以才一直盯着孩子学习，从而剥夺了孩子独立自主学习的机会。这种不信任，不仅仅体现在学习上，也常常出现在生活中。

其实，从一开始我就做错了，这种错误可以追溯到女儿成长发育的早期。那个时候，我并不知道孩子最早的成长任务之一就是拥有自主意识，所以在处理跟学习相关的责任感和自主性方面，我开了错误的头。

比如：女儿刚开始学习自己吃饭的时候，我总是为女儿把自己弄得很脏而抓狂，最后夺过勺子开始给她喂饭；女儿开始学习自主如厕的时候，我总是焦虑地守在一旁，害怕她发生意外；女儿上学之后，我开始替她确认作业清单，替她整理书包，因为我怕她不能对自己的事情负责……这样类似的场景不胜枚举。正是我的这种担心，妨碍了女儿自主承担责任，最终让她变成了一个自主性差的孩子。

李小乐的妈妈讲完后，长吁一口气，有及时醒悟的庆幸，也有终于走出陷阱，选择了一条正确道路的欣慰。

相信小乐妈妈的经历很多父母都曾经历过，或者是正在经历，所幸，一切还来得及，相信我，当你做出改变，孩子也会做出改变。

自主力奠定学习力

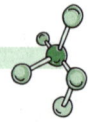

大多数父母可能也都会像李小乐妈妈最初时那样，会觉得孩子毕竟是孩子，他怎么能独立支配自己的行为，并对自己负责？

李小乐的妈妈生怕女儿做不好，就像直升机一样盘旋在小乐的头顶，结果如何呢？妈妈越怕她做不好，她越做不好；妈妈越怕发生意外，发生的意外就越多；意外越多，妈妈越担心；妈妈越担心，就会盯得越紧……这就形成了一个无解的恶性循环。

其实，李小乐妈妈的行为会给女儿这样的消极暗示：我不是一个独立、自觉的孩子，没有妈妈的帮忙，我什么也做不好。久而久之，李小乐就向妈妈所暗示的方向发展，自主力也就越来越差了。

李小乐的妈妈一开始并没有意识到，在养育孩子的过程中，她不但给自己挖了一个巨大的陷阱，还成了孩子成长路上最大的敌人。在她和小乐的亲子关系中，每当出现关于责任感和自主性的问题，她就会陷入这个陷阱，无法自救。

比如说自主吃饭、自主如厕……当这些问题第一次出现的时候，所有人都不觉得这是一个多么重要的问题，也没有尝试用更好的方法去解决这个问题。所以，当类似的问题以不同的形式在学习中不断出现的时候，她又一次用错误的方法去解决它。

当我深入了解之后，发现事实的确如此。

李小乐不单单让妈妈喂饭、擦屁股，连自主入睡也从未学会。在很小的时候，她常要妈妈抱在怀里轻轻摇晃哄睡；稍微大一点儿后，她需要妈妈在一旁一边讲故事，一边拍着才能入睡；直到现在，李小乐睡觉的时候，还需要妈妈在她的房间待着，她才能入睡。

习惯了妈妈的陪伴，李小乐从来不会自己玩耍。如果妈妈不能陪她，她就会觉得无聊透顶，就会跟妈妈吵闹、撒娇，就是不会自己挖掘乐趣。很多时候，妈妈不得不把她扔给电视。

当李小乐开始跟父母分房睡觉之后，妈妈开始叮嘱她，需要自己保持房间的干净整洁。最开始的时候，李小乐兴致勃勃地自己铺床整理房间，一段时间之后，她发现这实在不是一件特别有趣的事，便开始拒绝收拾。看到李小乐乱糟糟的房间，妈妈开始一边唠叨，一边替李小乐收拾整理，直到现在，李小乐依然不会自己整理房间。

当李小乐进入学校之后，生活中的这种状况在学习上逐一显现。每天早上，她都不能按时起床，闹钟一遍又一遍地响起，她依然赖在床上不起来。妈妈不得不把她从被窝里拖出来，然后催她洗漱、吃早餐、背书包出门。不得不提的是，只要哪一次妈妈没有帮李小乐检查书包，李小乐就会丢三落四。李小乐的妈妈摇着头说道："自上学以来，没有哪一次李小乐能自己按时起床，自己准备好一切并按时到校。"

当事情发展到这一步，李小乐在学习上会出现问题就不足为奇了。当李小乐在学习上遇到这样那样的状况，并表现得极其无助的时候，妈妈就会及时出现。于是，李小乐就变得更加依赖妈妈。当妈妈在一旁分担李小乐的责任时，李小乐就会变得更加不负责任。

一般来说，孩子形成万事依赖的心理都是我们在无意识的情况下造成的。为什么我们不能培养出能干、独立、有责任心的孩子？原因有很多，但其中最大的原因就是我们管不住自己的双手，总是喜欢为孩子代劳。殊不知，事事代劳不但对孩子的成长无益，反而剥夺了孩子自由成长和体验的机会，阻碍孩子学会独立自主。

所以，作为父母，我们要有意识地培养孩子的自主能力，让孩子学会对自己负责。孩子只有学会对自己负责，才会对别人负责。

自主力奠定学习力。假若你曾经"误入歧途"，采取了错误的方式，那么就请像李小乐的妈妈那样，及时做出改变，把成长的机会还给孩子，把责任还给孩子吧！如此，孩子才能勇于承担自己的责任，去独立解决学习上的各种难题。

书桌整洁让孩子学习更积极

在日常生活中,父母应该让孩子明白哪些技能是必备的,以及必须具备的能力,这样孩子才能意识到他们想要什么。尤其是孩子的生活自理能力,父母要从小培养。因为这是一件很重要的事情,关系着孩子未来的独立和责任感。

因为工作的关系,我见过很多不会自主学习的孩子。他们都有一个共同点,那就是自理能力差,主要表现在不善于整理。

大多数自理能力差、学习习惯不好的孩子,他们的书桌永远都是乱糟糟的,把老师发的资料弄得破损残缺,甚至不知道放在哪里。这导致每次学习之前,他们总是需要先收拾书桌,到处寻找需要的资料或文具。时常处在混乱之中,孩子的大脑也会跟着一起混乱,如此一来,学习效率自然不会太高。

所以，要想让孩子专心学习，提高孩子的自主力，我们首先要做的就是培养孩子的自理能力，让孩子学会为自己创造一个可以主动并静心学习的环境，比如学会整理自己的书桌。

书桌是否干净整洁，不但反映出孩子的整体素质，还关系到孩子的学习效率。保持书桌的干净整洁，可以让孩子产生学习欲望，并在学习过程中保持热情。

很多父母喜欢对孩子发出一些模糊的指令，比如："快去把你的书桌收拾干净。"其实，我们这样对孩子说毫无意义，因为对于还没有学会整理的孩子来说，他并不是不想整理，而是他不知道如何整理。所以，我们有必要教会孩子具体的整理方法。

1. 书桌上只放必备的学习用品

一般来说，孩子的书桌上只需要放一些必要的学习用品，比如笔、尺子、橡皮、削笔刀、字典、词典等。值得注意的是，这些用品的数量不宜多，如果笔筒里有十几支笔，就有必要陪孩子一起整理一下笔筒，因为笔的数量太多，不仅占地方，还有可能因频繁换笔而影响效率。

我们还可以定期陪孩子一起整理书桌抽屉里的东西，

处理掉那些非学习必要的物品，比如零食、玩具等。我们需要坚持的原则是，书桌上不放任何跟玩耍有关的东西，孩子的学习资料、练习题、草稿本、笔记本等需要放在书架、抽屉等固定的地方，确保在每次需要的时候，能尽快找到。要知道，孩子的书桌上放的东西越少，孩子在学习的时候越不需要花费精力去寻找学习工具，如此，孩子就更容易进入学习状态。

2. 养成用完物品后及时归位的好习惯

养成用完归位的好习惯非常重要。

事实上，真正拥有良好学习习惯的孩子并不需要时刻整理书桌就能让书桌保持干净整洁，因为他已经养成了用完物品后及时归位的好习惯。将物品归位后，孩子就不需要花费特定的时间去整理书桌了。

3. 及时整理书桌，不将问题遗留到第二天

我们需要让孩子养成学习完毕后立即将书桌整理干净的好习惯，不要将"烂摊子"留到第二天收拾。

如果你想让孩子能更加快速地进入学习状态，最好在第一天做好第二天的学习计划，并将第二天需要的学习资

料和工具找好,摆放在书桌上。

当然,在培养孩子整理书桌的过程中,孩子可能"三天打鱼,两天晒网",对此,我们要有耐心,因为罗马不是一天建成的,好习惯也不是一蹴而就的,任何一个习惯的养成,都需要经过长时间的训练。

在整理学习用具中提升自理能力

如果你想知道一个孩子的自理能力是强还是弱,不妨看看他的书包和文具盒。假如孩子的书包、文具盒总是乱糟糟的,那这个孩子的自理能力就会很一般,自主力通常不强,学习习惯也会存在一些不好的方面。

这类孩子都有一个共同点,那就是对自己的学习缺乏规划,不会合理利用时间。也正因为如此,他们把大把的时间浪费在拖拉磨蹭、找东西上面,以至于不能按时完成作业。

朋友的儿子沐沐聪明活泼,一直是个惹人喜爱的小孩。可是,上小学之后,朋友每次说起自己的儿子就唉声叹气。

原来,沐沐每次写完作业之后,就把书、作业本、文具盒胡乱地扔在书桌上,铅笔、橡皮经常性消失。每次,朋友让他收拾书包,他就把书、作业本、草稿纸、文具盒一股脑儿地全部塞进书包里，草草了事，他的书包里永远都是乱糟糟的，而他经常需要的东西往往找不到。

很多时候，沐沐把写好的作业随意乱放，当老师收作业的时候，他往往交不出来。当老师打电话问朋友的时候，朋友不得不赶紧放下自己的工作，回家找儿子的作业，并把作业本送到学校去。

因为这件事，朋友没少批评儿子。可是，不管怎样批评，沐沐依然屡教不改。最后，朋友不得不每天帮儿子收拾书包，可是天天收拾，天天乱，把朋友愁得都快焦虑了。

生活中，像沐沐这样的孩子比比皆是。为什么孩子不会整理自己的书包呢？最主要的原因就是父母没有认识到孩子自己整理书包的重要性，认为整理书包只是小事，为其代劳也未尝不可。还有的父母是看见孩子整理的动作太慢，或是整理得不好，就忍不住插手帮忙。

其实，在整理书包这件小事上隐藏着很重要的教育意义。

1. 可以提高孩子的做事效率，减少不必要的麻烦

书包是孩子经常需要用到的东西。一般来说，拥有自

主学习习惯的孩子，都能很好地管理好自己的这"一亩三分地"。

一个对自己的书包负责的孩子，就不会出现早上出门还在犄角旮旯找书包的情况，更不会因为晚出门几分钟而错过一趟公交车，或者遇上堵车；一个会整理书包和文具的孩子，会清楚地知道自己的学习资料和学习工具都放在什么地方，不会遗忘重要的东西，造成不必要的麻烦，从而能够心无旁骛地学习。

2. 可以消除孩子的依赖心理，建立责任感

如果父母总是替孩子做这些本应孩子自己做的事，久而久之，孩子就会认为整理书包和文具是父母的事情，与自己毫无关系，以致养成万事依赖的习惯。有这种想法的孩子是很难养成自主学习习惯的。最重要的是，这种观念一旦养成，还会让孩子缺失责任心、感恩心。

所以，让孩子学会整理书包，往大了说是在培养孩子的自理能力，增强孩子的责任感，让孩子尽早学会如何规划自己的生活；往小了说则是让孩子学会消除环境中妨碍自身学习的不利因素，为自己创造一个静心舒适的学习环境。不管怎样，收拾书包和文具对孩子至关重要，因为孩

子的自理能力和独立性、责任心是相互依存的。

看到这里，相信你已经明白了让孩子学会整理书包的重大意义。那么，作为父母应该怎样去鼓励、引导孩子整理自己的书包和文具呢？

1. 让孩子明白整理书包是自己的事情

很多父母喜欢帮孩子在书包里翻找东西，其实这样做是非常不好的。我一直秉持着这样的观念：孩子的学习和学习用品都需要他自己负责。

所以，你需要告诉孩子，整理书包、检查书包都是他自己的事情，是每个学生都应该掌握的基本能力，帮助孩子形成责任意识，让孩子明白上好学的第一步就是学会整理自己的书包和文具。让孩子从身边的小事做起，逐步养成独立自主的好习惯。

2. 教孩子整理书包和文具的具体方法

整理文具的时候，我们可以让孩子把文具盒里的所有东西都倒在桌子上，然后挑出每天都会用到的学习用品，比如铅笔、橡皮、削笔刀、尺子等，文具盒里只放学习用品。

很多孩子喜欢像沐沐一样把学习资料、课本、作业本一股脑都塞进书包里，在需要用的时候半天也找不到。我们可以引导孩子根据第二天课程表的安排按顺序摆放，这样方便第二天拿取需要的东西。

一般来说，孩子的书包都会分内外好几层，我们可以教孩子分类整理，让孩子把文具袋、书本放在相应的固定位置，这样寻找起来就方便多了。

另外，对于年龄小的孩子来说，父母可以定期陪孩子整理书包和文具，等孩子逐渐养成习惯后，再完全放手。

好习惯不是一天养成的，做任何事都贵在坚持。孩子最开始时可能做得并不好，但是请千万不要代劳，更不要一味地责怪孩子。你需要继续鼓励孩子，耐心陪伴，反复教导，并和孩子一起坚持做下去。

孩子做得好，你要及时给他一些鼓励和肯定。相信我，这些正面的鼓励，会更好地调动孩子的积极性和主动性。

教孩子养成列清单的好习惯

很多孩子有丢三落四的毛病,其中一个重要原因就是在孩子的学习过程中,父母承担了太多责任。

很多父母在孩子每天出门前都会习惯性地问一句:"有没有忘什么东西?"孩子则会不耐烦地回答:"没有忘,都带了。"

然而,事实怎样呢?

孩子到了学校之后,当老师收作业的时候,孩子却怎么也找不到本来已经写好的作业,只能接受老师的批评。为了证明自己做过作业,孩子只好说把作业忘在家里了。

父母知道这件事后,将孩子数落一通:"早上出门的时候,不是问过你了吗?你不是说都带了吗?"瞧!现在的父母多不容易。但是,是什么原因造成这种结果的呢?

我可以肯定地说,父母需要负主要责任。毕竟孩子贪玩,很容易经常忘记带东西,即使东西没有带齐,他也十有八九不会察觉。

我曾听到过很多父母抱怨自己的孩子丢三落四，但是他们却没有想过如何教孩子对自己的东西负责。任何事情都不是天生就会的。假如有一天，你猛然惊觉孩子应该学会自己的事情自己做了，但你从未对孩子进行训练，就不要指望他能立即达到你的要求。

另外，孩子出门总是忘记带东西，也说明孩子没有养成检查随身物品的习惯。自主力差。所以，我们一定要让孩子从小养成列清单的好习惯。习惯是什么呢？是一种积久养成的生活方式。习惯一旦养成，会是一种长期的自然而然的行为。

把列清单的习惯融入孩子学习生活的点滴中：复习时，列一个复习清单；读书时，列一个阅读清单；旅游时，列一个行程清单……让清单文化深入孩子的大脑，一旦孩子养成了列清单的习惯，不仅能提高学习效率，而且会让孩子受益终生。

培养列清单习惯这件事，我们可以先从出门必带物品清单开始，引导孩子自己先思考每天出门必须带的东西。清单列好后，我们再陪孩子逐一检查，你可以让孩子每装一件东西，就画一个钩，做好记号，确保不遗漏任何东西。

等孩子养成了列清单的习惯后,我们只需要检查打了钩的清单就可以知道孩子是否把需要的东西准备好,是否有所遗漏。等孩子完全可以自己列清单,自己检查物品、准备物品之后,孩子就能把自己管理得很好了,我们也就不需要天天提醒孩子了。

接下来,我们就可以培养孩子事事列清单、做计划的习惯了。每天晚上,我们让孩子把第二天该做的事情清清楚楚地列出来,做成表格贴在墙上,家里有小黑板的也可以写在小黑板上。

每当孩子完成一件事,就让孩子自己去划掉或者擦掉,每划掉或擦掉一件事,孩子就会获得一点儿成就感,这会让孩子更加积极地去完成下一个任务。

值得注意的是,孩子的清单一定不能是大人单方面地下达任务,而是要邀请孩子一起参与制作,因为只有孩子自己制作的清单,他才愿意遵守。

其实,不仅仅是列清单,只要是涉及孩子的事,不管事情大小,我们都不应该自作主张,而是要学会跟孩子商量,认真听取孩子的意见。

不过度参与孩子的学习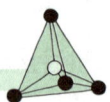

孩子在学习上拖拖拉拉，总是需要父母的耳提面命才能坐下来学习，这一定是孩子的问题吗？答案是否定的。爱玩是孩子的天性，有时候孩子并不是刻意偷懒，而是缺乏学习的正确方法。当他们在学习中遇到困难的时候，就会无意识的拖拉磨蹭。

面对孩子自我管理能力不强的情况，父母应该怎么做呢？

最有效的方法就是成为孩子的顾问，通过有效的方式激发孩子的潜能，提高孩子的自主能力，在能力范围内为孩子提供支持和帮助。

大多数喜欢参与到孩子学习中的父母已经把孩子的学习成绩是否优秀当成了自己的责任，他们会认为孩子学习好，自己的人生就是成功的，反之则是失败的。这样的做法其实对孩子来说并不公平，因为这是父母在迎合自己对成功的需求，满足自己的虚荣心，而不是真心地帮助孩子。

这也是为什么一提到学习，就会爆发家庭战争的根本原因，父母认为自己累死累活都是为了孩子，孩子认为自己之所以辛苦地学习是为了父母。

当然，任何时候都不要怀疑父母对孩子的爱，过度参与的父母出发点当然是为孩子好，希望能让孩子取得更好的成绩，考进顶尖的学校。但是，父母对孩子的学习过多干涉，有时候会适得其反。比如，父母的期望会让孩子感到压力巨大，产生羞愧、自责，会因为害怕让父母失望而不敢挑战任何事情。

父母的过度参与不仅会剥夺孩子自主学习的机会，还会让孩子在学习的过程中对父母产生更多依赖，甚至会削弱孩子对自我的信心，让孩子产生逆反心理，降低孩子的学习兴趣。

所以，你需要对孩子学习的参与程度设定界限，一旦越界，你和孩子都将"陷入泥沼"。要做孩子的顾问，而不是监工。当孩子取得优异成绩的时候，不要沾沾自喜，居功自傲；当孩子考试失败的时候，也不要因此而羞愧，责骂孩子。我们要让孩子正确看待成败，让孩子在失败和挫折中得到成长。

当你做出这样的行动时,你是在强烈地向孩子传递一个积极正面的信息:我从不怀疑你的能力,相信没有我的帮助,你也能够做好一切。这是对孩子个人能力和价值的最好肯定。当孩子接收到这样的信息,会更加积极地去努力进取,取得更好的成绩。

看到这里,你相信我所说的吗?你是想要做一个参与型父母,还是顾问型父母呢?答案是显而易见的。

相信我,对孩子学习的参与程度设限,不过多参与,才能让孩子真正学会自主学习,学会为自己的事情负责,你才能把自己从永无止境的恶性循环中解救出来。

学习加油站

培养孩子自主学习的好习惯

学习是孩子自己的事,但是这并不意味着父母可以完全撒手不管。任何技能都需要学习的过程,自主学习也是一样。如果没有父母的有意培养和引导,孩子很难养成自主学习的良好习惯。

所以,趁孩子还在小学阶段,学习的难度还不大的时候,父母应该多花点儿心思,教孩子学会正确的学习方法,并引导孩子养成自主学习的好习惯。

Step1:清楚明了地告诉孩子应该怎么做

作为父母,我们都希望孩子能够取得优异的成绩,但是很多时候我们却把更多的精力用在了监督和催促上面,反而忘记告诉孩子具体应该怎样做才能取得好成绩。

仔细回想一下,你是不是常常对孩子这样说:"快去学习!""好好给我做作业!"对于一个需要父母时刻耳提面命的孩子来说，当听到这样模棱两可的指令时，很可能对父母抱有厌烦的情绪，从而产生厌学情绪。

所以，对孩子说"快去学习"根本没有任何意义，要想让孩子在学习上做出改变，我们必须从根源上解决问题，告诉孩子具体可行的操作方法。比如说想让孩子去学习，就应该告诉孩子这个时候该学习什么，怎么高效学习，什么时候学完，等等。

Step2：关注孩子的有效学习时间，帮助孩子快速进入学习状态

有很多父母抱怨孩子学习效率低下，比如，两三个小时才背完一小段文章，或者坐在书桌前大半天才写几个字……其实，这里所谓的学习时间并不是有效的学习时间。

为什么这样说呢？大多数孩子坐在书桌前并不会立马进入学习状态中。在父母的絮絮叨叨中，孩子可能会坐在书桌前装模作样地学习，事实上，他的脑子里想的完全是与学习无关的事，这样的学习是无效的。

时间是考核效率的重要标准，但是这里所说的时间并不是孩子坐在书桌前的时间，而是有效的学习时间。记住，专注地学习10分钟，比思维涣散地学习1个小时更有效率。

所以，在孩子开始学习之前，父母要告诉孩子正确的学习方法，并辅助孩子找好学习工具和资料（自主学习习惯培养前期），和孩子一起创造一个良好的学习环境，帮助孩子快速进入学习状态。

Step3：和孩子一起制订学习计划，明确学习目标

如果你根本不知道要驶向哪一个港口，那么，所有的风向都对你不利。事实的确如此，目标是指引前进的灯塔，如果没有明确的目标，以及达成这项目标的明确计划，不管做任何事都很难成功。一个人的目标越清晰，越知道自己该往什么地方努力，学习也是如此。

所以，父母要认真地和孩子聊聊，鼓励孩子为自己设想一个明确的奋斗目标，并制订一份切实可行的学习计划。有了目标，即使在做一件微不足道的事情也会尽职尽责。如果孩子有什么好的想法，千万不要吝啬你的赞美。相信我，父母的鼓励和赞美是一种能量，可以让孩子变得更加积极向上。

我们还可以让孩子自己制定一个奖惩规则，当孩子完

成任务的时候可以根据规则进行奖励，当孩子没有完成任务的时候就严格地根据规则进行惩罚。让孩子自己制定规则的好处是，孩子会更加有成就感和责任感，相对来说也更容易敦促自己遵守规则。

习惯拥有强大的力量，优秀和平庸之间，有时候只是一个习惯的距离。好习惯可以成就孩子的一生，而坏习惯则可能毁掉孩子。

第3招

调动主动性：激发潜能，唤醒孩子的内驱力

学习在很大程度上会让人充满成就感，让人的情绪得到满足，它本身是让人身心愉悦的。如果我们能够找到正确的方法，激发孩子学习的内驱力，那么孩子就会主动地去学习，而不是在父母地催促、监督之下才去学。

刘丫丫的故事

刘丫丫是个刚上小学三年级的小姑娘,每天辅导她做作业是妈妈感到最煎熬的事。每当这个时候,家里的其他成员总是躲得远远的,因为妈妈和刘丫丫之间没有哪一天不会为了写作业的问题而爆发"战争",刘丫丫的不自觉让妈妈气闷不已。

每天吃过晚饭,到了写作业的时候,妈妈和刘丫丫之间的"战争"就拉开了序幕。

妈妈:"刘丫丫,该写作业了。"

刘丫丫:"妈妈,我想上厕所。"这是刘丫丫写作业之前必不可少的"仪式"。

妈妈:"赶紧去,别拖拖拉拉。"

于是,刘丫丫慢悠悠地进了厕所,在厕所磨蹭了快半个小时才出来。妈妈又开始催促道:"厕所上完了,现在该写作业了吧!"

刘丫丫懒洋洋地坐在书桌前,刚把书和作业本摆好,又对妈妈说道:"妈妈,我想喝水。"

妈妈耐着性子把水递给刘丫丫,她喝了一口,然后从文具袋里掏出笔、橡皮擦、削笔刀等,先把铅笔削好,再把橡皮擦弄干净,各种折腾,就是不开始写作业。妈妈实在忍不住了,又开始催道:"快开始写啊,都浪费半个小时了。"

"妈妈,我刚才削铅笔把手弄脏了,我可以先去洗洗手吗?"刘丫丫又找了一个借口。

"快去快回。"妈妈无可奈何,只得同意女儿去洗手。

等刘丫丫洗完手回来,终于坐下来开始写作业了,但是没写两个字,又开始提要求:"妈妈,我想喝个牛奶。"

最终,妈妈实在忍不住了,开始吼道:"上厕所、洗手、喝牛奶,有这磨蹭的工夫,作业早就写好了。让你写个作业就这么难?你爱写不写,又不是帮我写。明天上学交不出作业,老师又不会批评我。"

见妈妈吼她,刘丫丫眼圈儿一红,抹着眼泪说道:"又不是我想上学的,是你们非要我去的,不写就不写。"

妈妈生气地说:"我们让你学习还不是为你好,现在不好好学习，长大能有什么出息。"

……

本来只需要半个小时就能完成的作业，就这样拖拖拉拉，连吼带骂，最终两三个小时还不一定完成。因为作业的事，妈妈被女儿气哭好多次。

为了调动刘丫丫的主动性，妈妈试过很多方法，但是效果都不是很好。妈妈甚至给刘丫丫制定了一套完整的奖励机制，比如说背一篇课文、做一张卷子奖励多少钱。

开始的时候，刘丫丫的确因为金钱的诱惑而变得积极起来，但是，当这套机制实行了一段时间之后，刘丫丫竟然对妈妈说："妈妈，学习真的辛苦，您却只给我这么一点儿钱，您必须给我加钱，我才能完成今天的作业！"

妈妈很惊讶，孩子居然会讨价还价了。为了鼓励女儿，妈妈答应了，结果过了一段时间后，刘丫丫故态复萌，更加倍地讨价还价了，每次做作业前都会和妈妈软磨硬泡一番，甚至罢工不学，这让妈妈头疼不已。

刘丫丫的行为就是典型的缺乏学习主动性，即内驱力不足。

如果孩子的内驱力不足，对学习提不起太大的兴趣，即使在父母的"威逼利诱"下不得不每天努力学习，一旦脱离父母的监督与逼迫，就会立即松懈下来。从长远来看，对孩子的学习并无好处。

奖励机制的弊端

学习应该是自发的、主动的，是为了满足自身的内心需求去学的，而不是因外在的压力才去学的。为了获取奖励而学习是受外在动机驱动，而真心享受学习的过程则是受内在动机驱动。换句话说，内在动机意味着孩子学习是因想学、学得开心，而不是为了满足某些期待和需要。

从心理学上来说，奖励机制是一种外部刺激的动机和方法。由外界压力产生的学习行为是低效的，孩子很难感受到学习的愉悦，他们并不认为学习是为自己学的。外界压力一旦撤出，他们就会很容易回到原点。

为了提高孩子学习的积极性、主动性，很多父母都会对孩子实施奖励，而金钱奖励更是父母们激励孩子努力学习的常见手段。开始时，孩子会为了零花钱非常积极地去配合，在短时间内会取得明显的成果。但是，这种奖励机制却存在很大的弊端。

1. 让孩子学习的原动力发生改变

金钱奖励会强化金钱的作用,让孩子更为看重金钱。如果没有足够的金钱奖励,就不值得付出努力,而学习本身的价值反而被孩子忽略掉了,这是本末倒置的行为。

2. 会让孩子吝惜自己的良好表现

奖励机制根植在孩子的内心之后,孩子会认为只有在可以获得奖励的情况下才需好好表现。为了让自己获得更多奖励,孩子会吝惜自己的良好表现,以确保自己的利益最大化。就像刘丫丫一样,在学会了讨价还价之后,当被父母要求学习的时候,讨价还价的心理非常明显,希望可以通过谈判获得更多的利益。

而当孩子讨价还价成功后,孩子会更加青睐于这种方法。时间长了,孩子学习的积极性反而会受到影响。当孩子把重点放在努力为自己争取"权益"上的时候,孩子的行为就会有所拖延,学习效率也会大打折扣。

3. 会弱化孩子的责任感

用奖励的方法激励孩子,会让孩子失去对学习的责任心,孩子会认为自己在帮父母学习,而忘了学习本来就是自己的责任。这种误导会改变孩子的驱动力，是对孩子主动性的致命扼杀。

在没有物质奖励的时候，孩子学习是为了提高自身的竞争力，让自己拥有应对现实社会的必备技能，学习行为是积极主动的；而有了物质奖励后，孩子的学习行为就变成了获得报酬，学习行为变得被动。

可见，最初的学习动机带给孩子的教育引导作用更加长久，而物质奖励只能保持短暂的激励作用，时间一长，孩子就会出现动力不足的情况，是不值得提倡的。

三招引爆孩子的学习内驱力

为什么孩子会觉得学习很痛苦呢?

归根结底是外部压力导致的。长期处于压迫中的孩子,他的内心会对学习形成这样一个公式:学习=被迫=痛苦。当内在的渴望与需求消失,孩子的内驱力就会跟着消失,又怎么会主动学习呢?

所谓内驱力,就是孩子内心真正的热爱和主动的需求。不管是学习上还是生活上,如果我们能够找到正确的方法去激发孩子的内驱力,那么孩子就会主动地去做自己喜欢的事情,而不需要父母反复地督促、提醒。内驱力得到激发的孩子动力十足,做事高效;反之,做事则拖拖拉拉,缺乏持久性。

美国心理学家、教育学家布鲁纳认为,能够主动学习的孩子,都有三个基本的内在驱动力:好奇内驱力(求知欲)、胜任内驱力(成功欲)、互惠内驱力(人与人之间和睦相处)。那么,我们如何才能引爆孩子的内驱力,让孩子主动学习呢?

1. 认真对待提问,保护孩子的好奇心和求知欲

遇到未知的事物,只有好奇心强的孩子才会想要主动去了解、去学习。所以,保护孩子的好奇心,激发孩子的求知欲,可以提高孩子的观察力、想象力和创造力,这些能力对孩子的成长非常重要。

有强烈求知欲和好奇心的孩子会非常喜欢问问题。然而,对于孩子的十万个为什么,大多数父母开始还能耐心地回答,时间久了就缺乏耐心,开始烦躁,面对孩子的提问,通常不予回答或者含糊其词。

当孩子察觉到自己的问题让父母感觉不耐烦的时候,久而久之,孩子就会失去提问的热情。孩子的问题少了,你的耳根也清静了,但是,与此同时,孩子也失去了宝贵的好奇心和求知欲。

所以,面对孩子的每个问题,父母都要认真回答,或者引导孩子自己寻找答案。如果是自己和孩子实在都无法解答的问题,可以建议孩子去问老师或一些专业人士。父母对孩子的问题足够重视,孩子才会热衷提问,热衷思

考，学习成绩才会得到提高。

2. 让孩子体验成功，激发孩子的成功欲

任何人都渴望成功，孩子也一样。孩子对成功的欲望会促使孩子去努力提升自己的才能和技能，从而提高学习效率。

假如孩子长时间努力都没有取得好成绩，大多数孩子会感觉非常沮丧，从而失去学习的兴趣和动力。所以，父母要多给孩子创造获得成功的机会，从而激发孩子的成功欲。你可以给孩子准备一些相对来说难度小一些的练习题，孩子在做题的过程中取得了意想不到的成果，孩子的内心就会对自己的能力产生一些满足感，从而激发自身的学习动力。

千万不要对孩子的要求过高。假如你给孩子准备的练习题，孩子能做对80%以上，你就应该及时地给予鼓励和肯定，这样能强化孩子对自己的肯定。

3. 让孩子加入集体学习环境，互相促进

当一群人在一起做一件事的时候，会有更大的推动作用。这就是为什么孩子在学校或者图书馆学习的效果要比

在家学习好很多的原因。千万不要忽视环境的作用，孩子在学习氛围很足的地方学习，一群人互相学习，互相激励，也能在很大程度上激发孩子的学习内驱力。

你可以鼓励孩子与同学建立学习小组，3~5个人最佳。每当老师讲了知识点之后，小组成员可以讨论或辩论。每个人的思维方式不同，通过讨论可以激发不同的见解，有助于孩子理解、记忆及运用这些知识点。

建立学员小组，还可以提升孩子的积极性。当孩子在跟别人讲解知识，或者抒发自己观点的时候，会产生一种被认可的愉悦感，这种愉悦感会增强孩子的自信心，让他对学习更加有兴趣，有信心。

不要把"别人家的孩子"挂在嘴边

父母教育孩子总是喜欢拿别人家的孩子做比较,或许他们并非有意要打击孩子的积极性,但是他们经常或在不经意间这样做。

比如:"你看你张叔叔家的儿子,上个月钢琴六级已经过了,哪像你,连十分钟都坐不住。""你看你王阿姨的女儿,这次考试又是第一名,哪像你,前十名都进不去。"……这些话是不是很熟悉?可以说,大多数父母都对孩子说过这样的话。

为什么我们总是喜欢用比较的方式教育孩子呢?其实并不是"别人家的孩子"在我们心中有多优秀,而是我们希望通过比较,让孩子认识自身的不足,从而发愤图强,成为一个与别人家的孩子同样优秀的人。

其实,拿别人家的孩子来激励自己的孩子并不明智。如果父母总是这样做,不但不会让他们主动去学习、去努力，反而会让他们产生厌烦情绪。

总是拿"别人家的孩子"激励孩子，出发点虽然是为了让孩子更加优秀，但往往只会带给孩子伤害。假如你经常拿孩子的缺点和别人的优点做比较，容易让孩子产生一种自己什么都不行的错觉。长久以往，不但无法激起孩子的积极性，反而会让孩子越来越自卑。

我们在教育孩子的时候，完全可以不必强调"别人家的孩子"，如果你非要拿孩子和别人家的孩子比较，那么，可以拿来比较的只能是行为，绝不是结果。你可以通过对比的方式指出孩子在哪些地方可以再进步，告诉孩子正确的做法就可以了。比如："你堂哥是因为看了很多书，才爱上了语文。"千万不要让孩子觉得自己不如别人聪明，而是应该让孩子领悟到自己应该用什么样的方法，才能变得和别人一样优秀。

我们要认识到每个孩子都存在着一定的个体差异：有的孩子天资聪颖，有的孩子迟迟不开窍；有的孩子顽皮好动，有的孩子文静乖巧……作为父母应该接纳孩子的个体差异，要明白差异并不等于差距。父母应该尊重这种差异，根据孩子的特点，给予正确的引导，帮助孩子取长补短，让孩子越来越优秀。

赋能让孩子更加独立自主

没有哪个父母不希望自己的孩子学习成绩名列前茅,为此父母们做了许多努力。但是,孩子能否成为学霸,并不完全取决于外力,还需要孩子的自主动机,才能使这种愿望成为可能。那么,如何才能让孩子在学习上变得主动、自发呢?简单来说,就是要懂得赋能。唯有赋能给孩子,才能引发孩子的学习动力。

赋能,意思是给别人赋予能力和能量。所以,给孩子赋能的出发点是给予他能量,而不是打消他的积极性。这就要求我们跟孩子交流的时候,一定要有同理心,尊重孩子的需求和他作为个体的权利,让他在与自己相关的事情上拥有发言权,自主进行判断、选择、决定。

有研究发现,经常被赋能的孩子,他们在生活中更加独立自主,更能够感受到生活的乐趣;他们在学习上也更加积极向上,喜欢挑战对于他们来说比较难的事情,抗挫折能力强；同时，他们也能更好地管理自己的行为，具有良好的学习习惯和能力。

总之，父母是否懂得赋能对孩子一生的影响都非常大。父母给孩子赋能可以从以下方面着手进行。

1. 给孩子一个和谐美满的家庭环境

家庭环境对孩子成长的影响是巨大的，无论是孩子的认知能力还是心理健康，都跟家庭环境中的情绪稳定性有着莫大的关系。研究发现，夫妻越相爱、婚姻越幸福的家庭所养育的孩子越聪明，因为和谐美满的家庭环境会加速孩子大脑的健康发育。

所以，不要忽视爱的力量。想要给孩子赋能，我们首先要给孩子足够的爱，没有什么比彼此相爱的父母更能保证孩子的幸福感了。家庭和谐美满，孩子最基本的情感需求才有保障，满足了孩子的情感需求，他们在学习上才会更有热情和动力。

当然，并不是说家庭环境不好、父母感情不和的孩子，学习就一定不优秀。任何事情都有例外，在这里，我只是强调爱的力量。

2. 不要嘲讽孩子，努力与孩子共情

孩子在学习过程中因能力不足而受挫是必然的。这个时候，我们千万不能嘲讽挖苦孩子。或许在你看来，你的嘲讽只是一个玩笑，但是对于孩子来说，你的嘲讽就是责难和羞辱。

我们要了解共情的重要性，即使在大人眼里那是一道非常简单的题，但是我们依然要表现出对孩子的理解："我知道对你来说，这道题很难，你现在一定很烦躁，但是，你一直都很会解决问题，只要寻找到突破口，我相信你一定能找对解题的方法。"

赋能给孩子，不但要给予他们选择的权利，还要赋予他们积极乐观的态度，遇到困难不要气馁，也不要一味问责，解决问题才是关键。

孩子与世界相处的方式都来自父母，假如我们在孩子出现问题的时候，首先是抱着问责的态度，对孩子冷嘲热讽："这么简单的题你都不会，你上课都听了些什么？"那么，孩子在之后的学习、生活中，遇到困难时，首先想到的就会是如何逃避责任，而不是寻找解决问题的方法。

赋能并不难，但是需要我们在日常生活中对孩子进行点滴浸润，比如放手让孩子去探索，建设性地引导孩子怎

么做，学会与孩子共情，有效地运用鼓励，给予孩子足够的信任……如此，你就能带给孩子积极向上的力量，帮助孩子找到归属感和价值感，有效地给孩子赋能。

学习加油站

良性暗示,有效地运用鼓励

正如美国哲学家、心理学家詹姆士所说:"人类本质中最殷切的要求是渴望被肯定。"纯真无邪的孩子更是如此。他人的良好评价和赞扬可以让孩子获得成功的喜悦感,从而让孩子树立自信心,相信自己能取得更好的成绩。在这种良性暗示下,孩子会更加努力。

鼓励和肯定并不会花我们太多的时间和精力,却能带给孩子激励。要想培养孩子对学习的主动性,让孩子更优秀,作为父母,如果能够有效地运用鼓励,必定能事半功倍。那么,我们应该如何做呢?

Step1:称赞孩子要具体,要言之有物

在鼓励孩子的过程中,赞美是最直接的表达方式。所以,如何称赞孩子就显得尤为重要了。称赞孩子一定要言之有物,不能只说:"哇,你真棒!"或者是:"你太厉害

了,妈妈太为你自豪了!"而应该寻找值得赞许的具体理由来鼓励孩子,比如说:"你今天没有让我提醒就主动做完作业了,这真是一个巨大的进步。"

除此之外,我们还可以改变称赞的主语,强化孩子的自我肯定,比如说把"你今天主动去复习功课了,我觉得你真棒"改成"你今天主动去复习功课了,你是不是觉得自己的表现非常棒呢?"这样的称赞要好很多。

值得提醒的是,任何事情都过犹不及,赞美也要有度,否则不但会使孩子对赞美产生抵抗力,使得鼓励对他失去激励作用,还有可能让孩子变得骄傲自大,这就得不偿失了。

Step2:鼓励孩子进行自我反省和自我评价

鼓励对孩子能否起到激励作用,在于孩子能不能对自己有一个正确的认识,所以,能够进行自我反省和自我评价对孩子来说非常重要。

当孩子完成一个目标,取得阶段性成功的时候,父母不要急于给予评价,而是要鼓励孩子进行自我评价,让他们谈谈自己的感受,看孩子是如何看待自己的能力的。还可以找时间和孩子一起复盘,让孩子进行自我反省,强化优点，改正缺点，往更好的方向努力。

当你的孩子在学习上受挫，踌躇畏缩的时候，你还可以教孩子学会自我鼓励。你不妨让他鼓励自己："没关系的，再来一次，我一定会比上一次考得更好。"

Step3：致力于改善，而不是完美

世界上没有完美的人，也没有完美的事。对孩子的学习也不要过于追求完美。如果父母要求孩子做到尽善尽美，孩子可能更加不愿意做出任何改变，因为他知道自己怎么努力也不会达到大人的要求。追求完美会让孩子陷入沮丧中，那种挫折感往往会打击孩子的积极性。

很多父母在训斥孩子的时候，都喜欢贬低孩子，这样是不妥的，你应当学会关注孩子良好积极的一面，这对你和孩子都是一种鼓舞。所以，请记住一点，假如孩子告诉你他做了一件错事，至少你应该赞美他的诚实。

总之，要想让孩子的不良习惯转向良好习惯，父母要以改善为目标，而不是完美。承认孩子的进步，会鼓舞孩子、激励孩子做得更好。

Step4：记录优点，强化自我肯定

孩子对自我能力的信心，除了来自他人的良好评价外，还来自孩子的自我肯定。强化自我肯定的方法有很多，你可以让孩子学会记录自己的优点或功劳，让孩子每天都总结一下自己的进步。

你要告诉孩子，任何小进步，以及为这种进步所做出的任何小小努力，都可以记录下来。让孩子和过去的自己比较，在对比中体会到通过努力，现在的自己比过去的自己更加优秀，这可以激发孩子学习的动力。

第4招

学会时间管理:合理利用时间,提升自我效能

学霸与普通学生的差别就在于前者更懂得合理利用时间。如果想取得比别人更好的成绩,又不想付出比别人更多的时间,那简直是异想天开。因此,要让孩子学会合理利用时间,这样他的学习才会比别人更高效。

马伊伊的故事

马伊伊正在上五年级,这个年纪的孩子,正是长身体的时候,所以马伊伊的爸爸妈妈特别希望她能早睡早起。

开始的时候,马伊伊还能保持九点钟之前上床睡觉。但是开学一个月之后,马伊伊有了一个冠冕堂皇的理由拒绝早睡,那就是做作业。每当爸爸妈妈催她去睡觉的时候,马伊伊就会告诉爸爸妈妈,她还有作业没有完成。

"你怎么能忘记写作业呢?"妈妈感觉不可思议。

"我也不知道自己怎么就忘记了,我正准备睡觉的时候才突然想起来。"马伊伊用充满无辜的口吻说。

"那好吧,你尽快写完作业,然后睡觉。"妈妈虽然无奈,也只能妥协。

于是,每天晚上,马伊伊房间的灯都要到晚上十点才会熄灭,有的时候甚至十一点多才消停。妈妈每隔十几分钟就去女儿的房间询问:"你还有多久才能完成作业?"

"还需要一点儿时间，妈妈。"马伊伊总是这样回答。

这样的情况持续近一个月后，马伊伊的妈妈看穿了她的小把戏。于是妈妈给家庭成员制订了一个规则：晚上八点之后，无论家庭成员在忙什么，都必须停止手上的事情，开始家庭生活。也就是说，八点钟一到，大人必须停止工作和做家务，孩子必须停止写作业，参与到家庭活动中来。家庭活动结束之后，所有人必须上床睡觉。

"如果你有什么重要的事，比如说当天的作业过多，或者要复习第二天考试的内容，请你在放学后立即跟爸爸妈妈提出来，如果你忘记提出来，或者根本就没有任何计划，到了家庭活动时间才临时提出，我们将会无情地拒绝，没有商量的余地。"妈妈在制订完规则后，郑重其事地提醒道。

对于妈妈的新规则，马伊伊并没有太反感，反而感觉很新奇，忙不迭地答应。

实行新规的第一天，马伊伊放学后，把书包放下就和小伙伴一起出去玩儿了，直到妈妈把晚饭做好，马伊伊才意兴阑珊地回来。吃完晚饭后，马伊伊就回到自己的房间写作业去了，快到八点的时候，妈妈走进马伊伊的房间提醒她该参加家庭活动了,马伊伊表现得猝不及防。

"天啊,现在几点了,妈妈?"马伊伊问道。

"八点钟了,我们实行新规的第一天,我希望你能遵守。"妈妈回答道。

"可是,我还有好多作业要做。"马伊伊辩解道。

"你已经答应过我了,而且是你自己没有计划好时间。"妈妈不为所动。

"妈妈,可以再给我一次机会吗?如果不完成作业,明天老师肯定会找我麻烦。我保证,明天一定不会这样。"马伊伊挣扎道。

"如果我答应你了,你觉得我们还有制订规则的必要吗?"妈妈毫不动摇。

"妈妈。"马伊伊摇着妈妈的胳膊开始撒娇。

"撒娇也没用,跟我一起到客厅吧。"妈妈坚定地说。

"那好吧,您先出去,我收拾收拾就来。"马伊伊开始妥协。

妈妈从女儿的房间里走了出来,不出所料,几分钟过去了,马伊伊依然没有出来。妈妈再一次推开了女儿的门,正在奋笔疾书的女儿抬起头来,惊慌失措地看着妈妈。

"把你的书和笔交给我。"妈妈严肃地说。

"妈妈,我真的没有工夫参加家庭活动,我必须将作业写完。"马伊伊的脸耷拉了下来,一副要哭的样子。

"是的,我知道你必须在明天上学前将你的作业写完,但是你可以早上早点儿起床写作业,你也可以告诉老师,你没有完成作业是为了遵守父母的规则。现在,你要做的是,立即跟我出去。"

马伊伊看妈妈这次铁了心,只能缴械投降,很不情愿地将书本和笔交给了妈妈。家庭活动结束后,马伊伊在妈妈的监视下上床睡觉了。

第二天早上,不到六点,马伊伊就起床了,她必须将作业做完。

经过这件事后,马伊伊终于明白妈妈不会因为任何原因改变自己的规则,于是,她开始想尽办法在八点前完成自己的作业。如果作业不是太多,她也会出去玩会儿再写;如果作业太多,她会在回家后放下书包立即着手写作业。这样做之后,她的时间似乎变得宽裕很多,有时候,甚至还没到吃晚餐的时间,她的作业就完成了。

后来,妈妈再也没有在八点前去催促女儿了。马伊伊也轻松掌握了时间管理这门诀窍。

马伊伊的时间前后并没有发生改变,但是原本做不完的作业,最后却能游刃有余地做完。原因就在于她之前的拖拉磨蹭浪费了大把的时间,所以总是在最后关头才知道赶作业;而当妈妈对她的时间做出限制,她掌握了时间管理这门诀窍,所以她的学习效率发生了天翻地覆的变化。

时间对每一个人都是公平的,它给每个人的时间都是一样的。成功者和平庸者的差别就在于是否懂得管理时间。当孩子学会合理安排时间这门诀窍,学习成绩也会更好地得到提高。

掌握时间管理窍门,提高学习效率

时间对每个人来说都非常珍贵。它是世界上最公平的东西,它给每个人的一天都只有24小时,不偏不倚,不多不少,孰优孰劣最关键的就是看他如何利用这24小时。

很多孩子对时间不以为意,认为自己还小,一天浪费几分钟又不长,何必说得那么严重。千万不要让孩子有这样的想法,人与人之间的差距就是这每分每秒的日积月累。

孩子上课迟到、做事拖拉,总是不能按时完成作业的根本原因就是不懂得如何管理时间。不要觉得这是无足轻重的小事,珍惜时间、好好规划时间,往往代表着孩子对待学习的态度。

学习如逆水行舟,不进则退。如果孩子不懂得管理学习时间,常常在拖拉磨蹭中眼睁睁地看着时光从身边流逝,然后再感叹时间不够用,那么,孩子的学习不但不能维持现有的水平，反而会退步。而那些懂得利用时间的孩子则会合理地安排每一天、每一分、每一秒，使之发挥更大的效益，从而在有限的时间里吸取更多的知识。

在同样的时间里，有的人在前进，有的人止步不前，差距则会成倍地增长。仔细想想，这是一件多么可怕的事。

真正的努力，不但要看你做了什么，还要看结果是什么。所以，我们必须教会孩子掌握时间管理的窍门，让孩子学会合理地规划时间，在有效的时间内获取更多的知识。

那么，我们要如何做才能教会孩子管理好时间，转低效为高效呢？

1. 和孩子一起梳理当天的家庭作业

对于年幼的孩子来说，规划时间是一件比较困难的事，所以需要父母的帮助。一般来说，孩子在学校的学习时间是固定的，每天按课表完成学习任务即可。我们需要帮孩子规划的时间是课外时间，也就是放学后的学习时间。

孩子放学后，我们可以先和孩子一起梳理一下当天的家庭作业，根据作业的多少、难易程度等引导孩子自己思考该什么时候开始写作业。父母可以限制孩子写作业的结束时间，而开始时间则由孩子自己决定。父母需要做的就是帮孩子衡量一下，这个时间能否确保孩子在规定的时间内完成作业。

这个简单的过程可以帮助孩子学习如何管理时间，养成让孩子受益终身的好习惯。

2. 限制孩子写作业的时间

从马伊伊的故事中我们可以看出，马伊伊每天都感觉时间不够用的原因就是最开始时父母没有限制她写作业的时间。当马伊伊的妈妈规定每天八点前必须完成作业之后，马伊伊经过一段时间的适应，最终也能在八点前轻松完成作业。

所以，对于自律性很差的孩子来说，我们需要要求他在规定的时间内完成作业。当然，我们应该充分考虑各种情况，留给孩子足够的时间，确保这个时间对孩子完成作业来说是轻松宽裕的。

当孩子写作业的时间到了，孩子依然沉迷在玩乐中的话，我们需要提醒孩子："现在几点了？你知道你现在应该干什么了吗?"

当孩子回到自己的学习区域,开始写作业的时候,我们应该尽量不去打扰。当然,你可以在不明显打扰孩子的情况下,了解一下他的作业进展。当规定的时间快要到了的时候,你可以提醒孩子时间快到了。当规定的时间已经到了,孩子还没有写好作业,我们应该像马伊伊的妈妈一样强制要求孩子停笔。

3. 避免将时间过多地花费在与学习无关的琐事上

很多孩子在准备学习的时候,会先整理书桌,再上个厕所,然后喝一杯水……不知不觉时间就过去了一个小时。所以,我们一定要给孩子强调时间观念,避免孩子将时间花在与学习无关的琐事上。这就是我们在前面重点强调学习完后立即整理书桌的原因。

重视学习的前十分钟,从易到难入手

巴黎一家杂志社曾经给读者抛出了一道竟答题目:如果有一天卢浮宫突然起了大火,而当时的条件只允许从宫内众多艺术珍品中抢救出一件,你会选择哪一件?

这个奇怪的问题勾起了很多读者的兴致,数以万计的读者发表了自己的看法。在众多的来信中,有一个年轻人的答案得到了大家的一致好评,他说"我会抢救离门最近的那一件。"

这个回答让很多人拍案叫绝,能被卢浮宫收藏的艺术品,每一件都是举世无双的瑰宝,与其浪费时间去纠结抢救哪一件,不如抓紧时间抢救一件算一件。

用最快的时间抢救离门最近的艺术品,如果时间允许,还可以抢救下一件,下下一件。懂得管理时间的人,做事前如果确定了至少三种以上的目标,那么他最先要完成的不是最难的那一个,而是离自己最近的那一个。

这个逻辑同样适用于学习。对于需要掌握的知识来说，有难易之分，却没有轻重之分，学习也应该由易到难。尤其是孩子学习的前十分钟很重要，这关系到孩子接下来的学习时间里能否持续高效。

所以，在孩子学习的前十分钟，我们可以建议孩子不要做太难的题，因为孩子在刚开始学习的时候如果能够集中精神，专注地去学习，那么，这种专注的状态能持续很长时间。如果孩子在刚开始的时候就受到严重的打击，这种挫败感也会一直延续，让孩子无法集中注意力去学习。

我们要知道，在孩子学习的初期，最主要的是养成良好的学习习惯。如果一开始就让孩子做很难的题，孩子解答不出来，就很容易产生挫败感，进而产生厌学情绪。这不但会打消孩子对学习的积极性，还会对孩子良好学习习惯的养成极为不利。

我们可以让孩子从简单的小目标开始。如果初期的目标，孩子很轻松地就能达成，那他就会想要再尝试一下，去达成下一个目标，如此积累，最终，孩子就会在不知不觉中达成更高的目标。假如一开始就把目标定得太高，反而容易吓退孩子，破坏孩子的学习兴趣。

引导孩子做好自我管理

孩子的成长需要大人的引导和帮助。想要帮助孩子养成良好的学习习惯，我们首先需要引导孩子做好自我管理。

良好的自我管理能力，能让孩子在大多数时候有效地消除学习带来的一些烦恼，也会让孩子在未来的学习生活当中更加自律。很多时候，拉开孩子之间距离的原因就在是否自律这一点上。

培养孩子良好的自我管理能力真的非常必要，特别是对于自控力比较弱、叛逆性比较强的孩子，完全让他们靠自觉、自律去学习真的比较难。所以，我们需要培养孩子良好的自我管理能力，让孩子能够更好地安排自己的学习和生活。

那么，要怎样做才能培养孩子良好的自我管理能力呢？以下几个方法和技巧值得大家借鉴。

1. 陪孩子一起制作一个日常惯例表

制作日常惯例表,不单能让孩子养成良好的生活习惯,还能更好地提高孩子的学习效率。即使孩子上了高年级,甚至长大成人,依然能从日常惯例表中受益。

所以,我们不妨邀请孩子合作,让孩子为自己制作一个日常惯例表。跟列清单一样,尽可能地让孩子自己做决定,这有利于后面日常惯例的执行。

制作日常惯例表非常简单:找一张稍微大一些的硬纸板,用黑笔把纸板分成大小均匀的表格,第一行写上"日常惯例表"几个字,然后在表格上从早上几点起开始填写,按时间分类,可以精确到几点几分干什么事。比如说,早上6:30起床,6:30~7:00洗漱,7:00~7:30吃早餐,7:30~7:50晨读,7:50~8:00检查随身物品,8:00准时出门。

有的父母可能会在电脑上做好表格,然后打印出来。最好不要这样做,因为对于孩子来说,这样制作日常惯例表会减弱他的参与感。你不妨和孩子一起手绘,这样孩子的参与感强了,责任感也会强一些。

日常惯例表的制作技巧有很大的灵活性,表格的内容也应该随着孩子的成长而变化。把表格放在一个容易看到的地方，当孩子该做什么的时候，你只需要问孩子："你的惯例表上，此时此刻你需要做什么？"让孩子告诉你他该做什么，而不是你督促他需要做什么。你会发现，惯例表会帮助你消除和孩子之间的许多"争斗"。

当孩子的生活变得清晰而有条理，并且可预测之后，孩子会渐渐喜欢这种有条不紊的生活带来的安全感，以及对生活的掌控感，这对孩子的学习极有帮助。

2. 锻炼孩子的决策力，让孩子学会选择

孩子的时间和精力是有限的，不可能事事兼顾。所以，孩子在成长的过程中，必然会面对很多选择。我们要教孩子学会选择，适时舍弃，才能抓住对于孩子来说更加重要的东西。

当孩子面临选择的时候，在孩子没有寻求建议之前，父母不要轻易发表自己的见解。这样孩子才能充分遵循自己的内心，明白自己真正想要的是什么，从而做出合适的选择。

当孩子学会选择以后，他会更有主见，决策力也会增强，这对孩子的学习是非常有帮助的。

3. 培养孩子自律的品质

在学习和生活上，孩子总是会给自己找各种逃避的理由，目的就是不想做，想玩或偷懒。其实，真正让孩子进步、变好的选择，过程绝对不轻松。

曾经看过一个企业家的专访，主持人看了企业家画的画，问道："你平时工作那么忙，怎么还会有时间去画画呢？"企业家笑着答道："要是喜欢，总有时间。如果我们总是为事情寻找借口的话，就不可能做成任何事。"

作为一个成功的企业家，能够在如此忙碌的日子里坚持自己的爱好，依靠的就是自律。同样地，自律也是孩子学习必不可少的品质，良好的自律是成绩优秀的保证。

总之，如果想要让孩子取得更好的成绩，必须让他懂得珍视时间，重视时间的价值。不自律的人总是喜欢给自己找借口，这是一个很不好的习惯，一旦孩子养成了这种恶习，不管做任何事，总会千方百计地找借口推脱、拖延。那么，学习拖沓、没有效率就在情理之中了。

不要轻易打破孩子的学习习惯

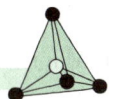

当孩子养成规律的学习生活习惯之后,千万不要轻易去打破。因为好习惯不容易养成,打破却轻而易举。规律的生活节奏一旦被打乱,想要恢复起来就难了。这就是为什么即使不是在赛季,运动员也要坚持常规训练的原因。

家有学子的爸爸妈妈估计最怕的就是放长假了。每个寒暑假对他们来说都是一个极大的挑战。因为孩子放假后,少了老师的约束,往往会松懈和懒散,很多孩子经过半年或一年养成的好习惯,会在假期分崩离析。

更要命的是,经过一段长时间的假期,孩子懒散惯了,新学期开学之后,孩子不能迅速调整状态投入到学习中去,甚至逐渐跟不上班级的学习节奏。

那么,如何才能平稳地度过假期,让孩子既可以享受假期的快乐,又不打破学习习惯,依然过着有规律的生活呢?

答案就是，制订专属于假期的学习计划，让孩子在假期也保持规律的学习状态。

计划的形式不拘一格，可以参照前面的日常惯例表。计划的内容可以根据孩子的情况而定，要做到劳逸结合，给孩子留出玩耍的时间。适当地休息不是浪费时间，而是为了让孩子蓄满能量，走得更远。

制订好计划后更重要的是执行。如何做才能高效地执行假期计划呢？以下几点值得注意。

1. 目标不要定得太高

假期计划的内容一定要合理，对孩子而言难度不要太大，只有孩子可以做到的假期计划才可能按计划执行。难度太大会让孩子倍感压力，一提到计划事项孩子就头疼的话，孩子会千方百计地逃避执行。这样一来，我们所有的计划就会落空，还会打击孩子的积极性。

2. 要让孩子参与制订计划

制订计划的时候，父母一定要邀请孩子参与。对于计划的内容是什么，最好是父母引导，让孩子自己说。如此，才能让孩子充分参与到计划的制订过程中来。

让孩子参与制订计划非常重要。孩子自己决定要做的事情,他才会更加积极地去执行。如果只是父母单方面说了算,孩子被迫执行,孩子就会产生极大的排斥心理。

制订学习计划是一项不可缺少的技能,会让孩子终身受用。

3. 每日复盘,及时调整计划

孩子在执行计划的过程中肯定会遇到各种各样的状况,如果遇到问题,及时调整就好了。我们要知道,没有完美的计划,也没有完美的执行。孩子不可能一直按部就班地照着计划走,在执行的过程中难免会出现问题,根据实际情况及时调整就好,不要因为计划制订好了,就强迫孩子一定要按计划执行,更不要因为稍微的差池就责备孩子。

每日跟孩子复盘一下当天的计划,跟孩子聊一聊当天的任务是否完成。如果孩子完成了,可以让孩子说一说自己是如何完成的,有什么新的收获,然后给予孩子一定的鼓励和肯定,这样会让孩子拥有持续的动力。

假如孩子没有完成当天的计划,可以跟孩子复盘一下是什么原因影响了任务的完成,接下来应该做出怎样的调整。遇到问题的时候，不要只追究责任，更重要的是让孩子学会分析总结，找出解决问题的方法。

每日复盘计划执行的过程，不仅能帮孩子学会如何更好地规划自己的时间，还能教孩子学会思考，学会如何直面问题、解决问题，这会让孩子受益无穷。

学习加油站

树立时间观念,让孩子做时间的主人

时间公平而又稍纵即逝,一去不返。假如孩子没有时间观念,不知道好好利用每一天,时间就会被白白浪费掉,就会消失得无影无踪,就会没有任何收获。很多真实的例子表明,学霸与普通学生的主要区别就在于怎样分配时间、安排时间。

所以,从小培养孩子的时间观念,不但可以解决孩子学习上的大部分麻烦,还可以让孩子拥有受益一生的好习惯。那么,我们该如何培养孩子的时间观念呢?

Step1:树立时间管理意识

低年级的孩子缺乏时间管理意识,所以,父母要在日常生活中给孩子树立一些时间观念,让孩子学会合理安排时间。

刚开始时,父母可以帮助孩子安排好一天的活动时间,比如说早上起床的时间、洗漱的时间、吃早餐的时间、户外活动的时间等。鼓励孩子尝试自己管理时间,尽可能直观地让孩子体会管理时间的好处。

在这个过程中,父母一定要起到示范作用。当我们能够很好地安排自己的生活和工作时,孩子就会体会到合理规划时间的好处,进而激发对时间管理的兴趣。

高年级的孩子对时间已经有了一定的概念,我们则可以要求孩子为自己制订学习计划,有意识地培养孩子整体的时间规划意识。

Step2:珍惜当下的每一分钟

我国著名的数学家华罗庚说:"时间是由分秒积成的,善于利用零星时间的人,才会做出更大的成绩来。"因此,我们要告诉孩子不要小看一分钟,生命中的每一分钟都是宝贵的,不可回溯、不可复制的。该学习的时候,就应该去学习。

优秀的孩子之所以能够取得优异的成绩,就是因为他们能有效地利用每一分钟,珍惜每一分钟。

Step3：拒绝拖延，立即行动

计划再多，没有行动都是空谈。有许多孩子，他们每天都给自己定下学习计划，比如今天一定要复习完某一单元，可是总不见行动，只是把要复习的计划挂在嘴边，结果一天下来，一个字都没有看进去。

因此，为了避免学习拖沓、浪费时间，为了更有效地提高孩子的学习效率，一定要改掉孩子的拖延症，有了计划，就要让孩子立即行动起来。

Step4：把精力和时间用在最重要的事情上

一个人如果把精力都浪费在细枝末节的事上，是得不偿失的。把精力和时间用在最重要的事情上才是聪明的做法。

生活中，我们常常被一些小事纠缠，牵扯精力，等到做重要的事情时却没有精力。我们可以教孩子每天为自己列一个简单的任务清单，并将它们按重要性程度排列，然后先做最重要的事情。

让孩子养成按"任务清单"上的顺序去做事的好习惯，如此就能有效地避免将时间过多地花费在琐碎的事情上了。

　　假如孩子感觉到自己一直忙碌，却收获甚微，那么，最大的可能就是孩子一直被琐事牵扯，而忽略了那些重要的事情。记住，合理地安排时间、利用时间，做事分主次缓急，是一种最省时省力、高效的学习方法。

第5招

增强意志力：正确看待失败，培养孩子学习的持久力

百折不挠的意志是成功必不可少的元素。不管孩子的起点在哪儿，只要努力了，我相信总会有收获。要知道，最终能够让孩子的学习成绩发生质的飞跃的，不是心血来潮偶尔去做的事情，而是每天坚持去做的事情。

文小杰的故事

文小杰是我一个朋友的儿子,刚上六年级。朋友夫妻虽然都属于社会精英,但是对孩子的学习一直都没有高要求。低年级的时候,文小杰的成绩说不上多好,但是绝对不差。上了高年级之后,文小杰却跟别人有了明显的差距,主要在英语这门课上。每次英语成绩出来后,文小杰都会沮丧好久。

朋友虽然工作很忙,但是对文小杰的学习状况也开始担心了。他看到文小杰的成绩已经滑到了中等偏下,而且每考试一次,文小杰的斗志就会消磨几分。那段时间,朋友开始变得焦虑,总觉得自己不够负责,所以才耽误了儿子。

为了改变现状,朋友立即给儿子请了一个英语家教,没想到的是,文小杰还没有上两节课,就不愿再上课了。

朋友非常生气,认为文小杰是散漫惯了,不愿意努力。文小杰为自己辩解,说老师布置的任务太艰巨了,他没法完成。最后,朋友和儿子大吵一架。朋友怪儿子太懒,吃不了学习的苦;文小杰怪爸爸不理解他,只知道瞎嚷嚷。父子俩谁也不让谁,结果都很受伤。

幸好朋友是一个开明的父亲,他冷静下来后,仔细了解了一下具体情况,梳理了事情的全部脉络,才知道自己的确是错怪儿子了。原来,补习老师为了快速提高文小杰的成绩,给文小杰定了一个任务,那就是在期末考试之前必须记住3000个单词。朋友算了一下时间,离期末考试不足两个月了,也就是说,文小杰每天必须记住60多个单词。

可想而知,这个任务是很艰巨的,第一天,文小杰的任务就宣告失败了。所以文小杰变得异常沮丧,他觉得背单词太难了,他根本就记不住那么多单词,所以跟爸爸宣告:"我不想补课了。"于是,父子之间的战争就这样爆发了。

朋友真诚地向儿子道了歉,并决定和儿子好好谈一谈,帮他解决一下这个难题。朋友首先肯定了文小杰目前的学习任务非常艰巨这个事实,然后建议文小杰跟英语补课老师反馈一下自身的情况,让英语老师尽可能根据文小杰的学习情况量身打造一个学习任务。

文小杰采纳了爸爸的建议,认真地跟英语补课老师进行了沟通,最终,老师答应可以将背完单词的时间延长一个月。

"多了一个月时间,已经算是最好的结果了。"朋友给儿子鼓劲。然后,朋友将3000个单词进行目标分解,时间是3个月,也就是说差不多90天,文小杰每天只要记住35个单词就可以了,一天记35个单词对孩子来说并不算太难,文小杰也欣然接受了爸爸的方法。

三个月后,文小杰顺利完成了老师的任务。补课老师给文小杰做了一次测验,文小杰的成绩提升了很多。

经过这件事后,文小杰也明白了一件事:那些看起来很难做到的事,如果把它拆解开来,就变成了一件件的小事,它看起来就不会那么难了。其实,这也就是著名的目标分解法。

文小杰知道,在未来的学习生活中,他还会遭遇一些难以克服的困难,但是,一切看起来似乎又可以迎刃而解,他变得不再害怕了。

学习就是一场马拉松,拼的是孩子的耐力,如果孩子中途放弃,那么,他将永远到不了终点。当孩子遇到学习上的"拦路虎"想要打退堂鼓的时候,父母应该像文小杰的爸爸一样,帮助孩子降低学习难度,让孩子找回信心,让孩子有足够的意志力对抗学习路上的一切困难险阻。

帮助孩子消除畏难情绪

有些事也许在你看来根本不值一提,但对孩子来说却是难题。你首先要理解、认同孩子的感受,用同理心与孩子交流,但不应代替孩子解决困难,而应该鼓励孩子,让孩子直面困难,必要的时候为孩子出谋划策,帮助他战胜困难。

在同理心这一点上,文小杰的爸爸做得非常好。当儿子对他说"太难了"的时候,他完全肯定了儿子的感受,接着他开始鼓励孩子挑战困难,并为孩子提供了一些实质性的帮助,帮助孩子降低难度,在很大程度上疏导了孩子的畏难情绪,最终让孩子完成了挑战。

孩子在学习的道路上,会遇到很多困难和挫折。畏难是人的天性。遇到困难,很多大人都有逃避退缩的想法,更何况孩子。畏难会让孩子害怕承担责任、害怕失败、输不起、不敢尝试新事物……假如孩子在困难面前止步,那么，他就无法体验成功。

所以，要想让孩子变得优秀，你必须教给孩子一些抗挫技能，让孩子拥有强大的意志力，以及面对任何困难都不会害怕的勇气。

那么，我们该从哪几个方面做起呢？

1. 帮助孩子疏导畏难情绪

遇到难题时，首先要让孩子明确面临的问题是什么，然后引导孩子开拓思路，寻求方法，并且告诉孩子只要找出问题的根源，所有难题都会迎刃而解。搞清楚出了什么问题后再找策略。孩子在找策略的过程中，其知识和能力就会得到提高。

孩子出现畏难情绪特别正常，关键在于大人如何去疏导。如果孩子说"不能做什么"的时候，大人一定要耐心询问孩子："为什么不能？"这有助于了解孩子在遇到困难时内心的真正想法，从而有针对性地提出指导，这对解决问题非常重要。

如果孩子说"他能完成一件事"的时候，大人则可以适时地追问："你打算怎么解决？"从而了解孩子是否真的有解决问题的能力。

另外，在引导的过程中，大人要多用"我们"这个词，让孩子从心里感到自己不是孤军作战，如此，他的畏难情绪就会得到很大的缓解。

2. 引导孩子关注过程，而非结果

当孩子遇到他觉得很困难的事情之后，因为害怕失败，害怕给人留下失败者的印象，所以他会选择退缩，逃避难题。

你需要让孩子明白，努力的过程比结果更重要。引导孩子关注做事的过程，享受过程，强化过程，弱化结果，慢慢地，孩子就不会再惧怕失败。比如，当孩子参加比赛，没有拿到奖项时，你可以鼓励孩子说："你的作品很棒，我看得出来，你很享受创作的过程，这就足够了。"

当孩子考试失败之后，你可以尝试着把"你失败了"换成"你努力了"，这对孩子来说，无疑是最大的安慰，会在很大程度上影响他对待失败的看法。

3. 多给予孩子鼓励和肯定

没有人喜欢失败，孩子更是如此。在每一次考试之前，孩子肯定都对成绩充满了期待。孩子之所以害怕输，是因为他对自己抱有很大的期待，希望自己能够战胜别人，取得好成绩，从而获得他人的认可，尤其是来自爸爸妈妈的肯定。

所以，要想让孩子勇于挑战，不惧失败，你要告诉孩子："不是第一名也没关系，你永远是爸爸妈妈的骄傲。不管你是否优秀，爸爸妈妈依然爱你。"

总之，通往成功的道路上没有任何捷径，解决问题唯一行之有效的途径就是坚持信念。我们要告诉孩子，面对学习中的任何困难都要咬紧牙关，朝着目标坚持下去，全力以赴地去做，那样一定会取得成果。

拆解大目标,让学习变得更加轻松

目标,是努力向前的方向。一个人的目标越清晰,越知道自己该往什么地方努力。所以,我们要让孩子为自己制订一个明确的奋斗目标,每一件事都做好规划,合理地分配时间,这样孩子在学习的时候就会有的放矢,而不是瞎忙。

当然,要想实现目标并不容易,大多数孩子容易失败的原因是没有把计划落到实处,执行力不到位。

另外,孩子的目标一定要合理。目标太过宏大容易让人不知从何做起。所以,孩子的眼光要长远,但是做事要脚踏实地。学习不是一件一蹴而就的事,必须一步一个脚印。

我们可以通过孩子设立的目标,去了解孩子对自己的认识是否存在偏差。当然,当我们发现孩子的自我评价过高或过低的时候,我们不能擅自干扰,而是要引导孩子进行自我分析，让孩子对自己有一个准确的认识，然后协助孩子进行自我调整，制订出一个可执行的合理目标。

通常情况下，孩子的目标越实际、越合理，目标的达成率就越高。当然，那些潜力特别大、爆发力极强的孩子除外，在这里只是针对大多数普通孩子来说的。

学习是一个漫长的过程，坚定的意志力是学习必备的一种品质。

意志力强的孩子，在遇到挫折和困难的时候，他们会果断地采取行动，一旦确定了目标，就会始终保持一种必胜的信念。不管在执行任务的过程中遭遇了怎样的突变，他们都会勇于接受挑战，战胜挫折。

而意志力弱的孩子，在面对挫折和困难的时候，他们首先感到的会是恐惧，他们害怕面对艰难的事实，习惯性地选择逃避。比如，在学习的时候，当他们看到一道自己无法解答的题目时，他们首先感觉到的是自己的无能为力，然后抱怨出题人，或者寄希望于老师和父母，而不是自己先去想办法解决这道难题。

为了不让孩子被学习这座大山压倒，我们一定要教孩子学会拆解目标，把那些宏大的目标细分成小目标，逐步实现。

所谓目标分解法，就是把一个大目标分解成一个个小目标，然后将小目标逐一实现，最终就实现了大目标。就像文小杰的爸爸教给儿子的方法一样：把3000个单词的任务分解到每一天，这样每天只需背35个单词，把每日的目标完成，三个月背3000个单词的大目标就轻松完成了。

值得注意的是，我们在分解目标的时候一定要遵守两个原则。第一，要确保每一个小目标都是可操作的。我们可以把分解的小目标做一个评估，看是否合乎实际，是否能轻松完成。第二，要确保这些小目标都是为终极目标服务的，任何偏离轨道的因素都要及时消除。只有遵守这两个原则，最终我们才能实现大目标。

任何人都渴望赞美，当孩子得到大人的肯定后，他的内心会有被认可的成就感，因此会对自己更加充满信心。所以，每当孩子达成一个小目标之后，我们都要给予一定的表扬和肯定。如此，孩子才能从学习中获取更多乐趣，其继续努力学习的意志力和自信心也会得到增强。

培养孩子对自我能力的信心

"我家孩子,见他的同学都在学奥数,也吵着要学,于是我赶紧给他报了奥数班。结果还没上完一周课,他就说什么也不想去上了。原因是太难了,他总是搞不清那些逻辑。儿子总是一遇到困难就逃避退缩,我真担心他的畏难情绪会让他在之后的生活中无法克服困难,被挫折打倒。我要怎么才能提升他的抗挫力呢?"一位妈妈曾经向我求助。

相信每一位父母都会遇到这样的问题。孩子之所以出现畏难情绪,一方面有可能是因为自身能力不足,另一方面是对自身能力没有信心。不管是出于何种原因,最关键的一点就是我们要增强孩子对自我能力的信心。

1978年,美国一个心理学教授找来了一群孩子,并给他们发了一些拼图玩具让他们玩,教授则在旁边观察孩子们的行为和情绪反应。

开始的时候，拼图比较简单，越到后面，拼图变得越难。伴随着拼图越来越难，有一些孩子开始了抱怨："这个东西太麻烦了，一点儿都不好玩。"这些孩子坚持了没多久，就放弃了，有的甚至暴躁地将拼图撒得一地都是。

其实，在做实验之前，教授早就预料到孩子在面临困难时会有这样的反应。

但是，令教授意想不到的是另一些孩子的反应。一个十岁的小男孩看到难搞的拼图，拉过一把椅子，让自己保持一个舒服的姿势，然后搓着双手，砸吧着嘴巴，掩藏不住喜悦地说："我喜欢这个挑战！"看来他是准备打持久战了。而另一个孩子也露出了喜悦的表情，兴奋地对同伴说："你知道吗？我非常期待这个拼图，它一定是一个非常有意思的东西。"最终，这两个孩子完成了拼图。

为什么两类孩子在面对困难时会有如此大的区别？是因为他们的智商存在差异吗？显然不是！这与智商并没有多大的关系。

教授经过进一步的研究发现，这些孩子之间的根本差异在于思维模式。简单来说，是这些孩子看待自己的方式决定了最终的结果。最终完成拼图的孩子都是对自我极其肯定的孩子，他们相信自己的能力。

有人说，摧毁一个人非常简单，那就是不停地否定他，让他产生自我怀疑。最终，他将会变成他想象中的样子。的确，一个人的自我肯定对其一生的发展都非常重要，无论是智力、体力，还是在做事情的能力上，自我肯定都起着举足轻重的作用。

所以，要想让一个学习较差的孩子提升成绩，不妨让他反复享受到成功的喜悦，找回对自我能力的信心。

因此，我要再一次强调从简单题目做起的重要性，让孩子从简单的学习中获得成就感和乐趣。为了不打击孩子的自信心，父母可以给孩子的学习难度把把关，遇到难度太高的，就帮忙降低一下难度。当孩子有了一定的学习基础之后，我们就可以引导孩子去挑战一些更有难度的东西，在孩子的能力范围之类，一点儿一点儿地增加难度。

记住，在培养孩子自主学习习惯的这个时期，最重要的是培养孩子的积极性，让孩子找回学习的动力。因此，千万不要因为孩子学得不好就大发雷霆，这样除了打击孩子的自信心之外，别无益处。让孩子开心地去学习，让孩子相信"我可以"更加重要。

对抗本能,帮助孩子克服懒惰情绪

学习这件事是没有捷径可走的,是必须要吃的苦。所以,我们要帮助孩子对抗本能,克服懒惰,养成自主学习的好习惯。

1. 引导孩子明白学习的动机

要让孩子认真思考学习的动机——为什么要学习?在做事之前应先思考自己做这件事的动机是什么。是自发自愿地想要去做,还是受外界的影响去做?

如果孩子学习是因为老师或父母的监督才学的,那么孩子对待学习的态度就可能是应付差事,如此一来,孩子学习就有可能只有三分钟热度,容易被懒惰的情绪控制。

是否自发自愿地去学习是优生和差生之间最大的区别。自身的核心动力会帮助孩子扫平一切挫折与障碍,这是外界的压力永远无法给予孩子的。

学习的能力加上学习的态度，决定了孩子获取知识的多少，最终取得的成绩是否优异。那些因为想学而学的孩子拥有惊人的意志力，不管遇到多大的诱惑，他们都能坚持到最后。

2. 拒绝拖延，立即行动

"明日复明日，明日何其多。"拖延是学习的一个大敌。把事情推到明天再做通常是孩子为自己的懒惰找的一个借口。那些被推到明天的作业很可能会被推到后天，还有可能会被推到开学的前一天，也可能最后干脆就不做了。

懒惰的人都有拖延症。要让孩子养成定下目标立刻着手去做的习惯。也许开始的时候，孩子会觉得强迫自己的感觉很糟糕，做什么都不在状态，但是只要孩子坚持去做就一定会有所改善。如果孩子觉得行动起来的感觉超棒，相信我，孩子的感觉将会越来越棒。每天让孩子为自己定下清晰的目标，然后在这一天去努力完成这个目标，久而久之，孩子就会养成今日事今日毕的习惯，懒惰情绪自然就没有空子可钻了。

3. 消除学习环境中的一切不利因素

孩子为什么会偷懒?与外界环境的诱惑有很大的关系。环境对孩子学习的影响太大了,我们一定要为孩子创造一个可以安心学习的环境,消除学习环境中的一切不利因素。比如在孩子学习的时候,将电子产品收走是极其明智的做法。

学习加油站

磨炼意志,提升孩子的抗挫力

为什么很多孩子刚开始学习的时候很有信心,一副干劲十足的样子,但是没过多久就气馁了。究其原因就是他们缺乏毅力,没有恒心,一旦中途遇到难以克服的困难和挫折就会打退堂鼓,继而牢骚满腹,最终半途而废。

学习就像马拉松,最需要的是耐力,而不是爆发力。在学习的过程中,总会遇见这样那样的难题,没有任何捷径可走,抗挫力是保证学习成绩的一个重要因素。抗挫力强的孩子,在面对困难的时候,他能很快想出解决问题的方法,保护自己免受困难与挫折的侵蚀。

那么,我们该如何提升孩子的抗挫力呢?

Step1:正确看待失败和错误,学会接纳挫败感

在学习和生活中出现错误是再正常不过的事情。当孩子被犯错所带来的挫败感包围的时候,引导孩子不要对抗

这种消极悲观的情绪，而应该试着去理解、接纳这种挫败感。因为挫败感就像洪水，最好的治理方法不是堵，而是疏。

另外，我们需要告诉孩子：承认失败并不是一件丢脸的事，坦然地面对失败才是真正有勇气的人。让孩子明白，遭遇失败和错误时应该先放下自己的自尊心，承认自己确实遇到了难以克服的困境。如此，才能在困境中找到出路，获得成长。

Step2：保持良好的心态，不过度自责或推卸责任

面对失败，要让孩子做到：一来不能自卑，不能把失败全部归结到自己头上，自怨自艾，自暴自弃；二来不能把失败全部推给外部环境，比如老师讲课听不懂，考试题目太难，等等。

当不好的事情发生之后，自孩子决定对结果负责的那一刻起，孩子对事情的掌控感就会马上增强，它会打破孩子潜在的无助感，促使孩子采取行动。

Step3：限定失败的影响范围，不要自怨自艾

很多孩子在遭遇挫折的时候，会认为是自己的能力不

够，遇到困难就自怨自艾。要想提升孩子的抗挫力，首先要让孩子摒弃这种观念，尽快把挫折带来的忧虑、悲伤、痛苦等不良情绪排遣掉，限定失败的影响范围。

比如考试考砸了，按照一贯的观念，孩子的脑子里可能会出现"我真差劲"的想法。现在，我们让孩子来调整一下自己的思维。当考试失败的时候，让孩子试着对自己说："我只是这一次没有考好。"然后去思考自己需要在哪些方面进行提升，从而在下一次考试的时候可以提高自己的成绩。

记住，遇到问题多酝酿一些建设性的思考，比自怨自艾更有意义。

第6招

开发创造力：提升孩子的核心竞争力

有创造力的人不管遇到什么困难，即使无法找到解决问题的方法，他也能创造一个方法来解决问题。在未来，创造力终将变成一个人的核心竞争力，是优质人才必须具备的能力。

徐大智的故事

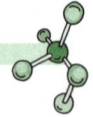

徐大智是姐姐家的大儿子,今年刚上五年级。学前班的时候,徐大智是一个讨人喜欢的乖孩子,可进入小学后,徐大智的问题越来越多,比如不愿社交、沉迷于电子游戏、不爱学习、懒于思考等。

有一次,我去姐姐家玩,发现徐大智正沉迷于电子游戏。因为他基本不跟别人交流,除了电子游戏这个话题能让他有一些兴致之外,每当我试图聊一些其他的话题,徐大智都很敷衍,甚至有点儿不耐烦。我把我的担心告诉了姐姐。

姐姐说,对于孩子的问题他们也看在眼里,甚至焦虑得整夜睡不着觉,既骂过也打过,也好言相劝过,哄骗利诱也用了,但是,徐大智似乎油盐不进,没有一种方法可以让他放下手机,把心思放到学习上。

就这样拖了半年多,姐姐终于听从我的建议,没收了徐大智的手机，并拆掉了安装在他卧室里的电脑。

刚开始，当徐大智回到家后发现自己的电脑被拆了，手机也被父母锁进了抽屉，他变得异常愤怒，他将自己房间里能摔的东西都摔了，发泄完怒火之后，精疲力竭的他把自己关在了房间里。

看到这样的徐大智，姐姐和姐夫虽然非常担心，也很心疼，但是他们依然忍住了想要妥协的心思。就这样，经过一周的挣扎反抗后，徐大智开始从他的房间里走出来，和家人一起共进晚餐了。

又过了半个月，徐大智开始在闲暇之余整理自己的房间，把前段时间毁掉的东西处理掉。又过了一段时间，徐大智开始在周末约他的朋友一起玩耍，并且爱上了打篮球。更加重要的是，徐大智在面对一些问题的时候，不再是消极摆烂的态度，而是积极地去寻找解决问题的方法，他变得更愿意思考了，经常能创造性地解决很多难题。

徐大智的变化虽然不是突飞猛进的，但的确变得越来越好。学期结束的时候，徐大智的考试成绩取得了很大的进步。徐大智在领到成绩单的那个晚上，郑重地对他的爸爸妈妈说："爸爸，妈妈，谢谢你们及时将我拉回正轨。我以前沉溺于电子游戏，整天活在游戏的世界里，浑浑噩噩，对这个世界没有任何感知。现在，我对世界上的一切事物都有了新的看法，这样的感觉真好。"

爸爸妈妈听了徐大智的话，都欣慰地笑了。

孩子的辨别能力和自控力相对于大人来说要弱很多。作为父母，我们一定要明白孩子真正的需求是什么。给予孩子真正需要的东西，适当满足孩子那些不必要的"欲望"，才能让孩子顺利地成长为一个更加机敏，更具创造力，更加快乐、独立的人。

创造力可以提升解决问题的能力

不管是在学校,还是将来步入社会,解决问题的能力是孩子最需要的能力之一。而有创造力的人在遇到困难的时候,总是能快速地找到解决问题的方法。孩子的创造力越强,他将来的竞争力就越强,毫无疑问,他也就越优秀。

很多人觉得脑子里总是冒出稀奇古怪想法的孩子太过淘气,不利于管教,甚至武断地认为这样的孩子"不听话"。对于大多数父母来说,教育孩子的手段通常是如何让孩子更加乖巧听话。事实上,太听话的孩子大多数缺乏创造力,也就是解决问题的能力。

缺乏创造力的孩子会遵循一些死板的规则,遇到超出认知的事情往往显得束手无策。而拥有创造力的孩子,思维更灵活,做事也更机敏,遇到困难的时候会从不同角度观察问题,分析问题,不断尝试去解决问题,并充分享受这个过程。对于这样的孩子来说，去探索未知，尝试新鲜事物，不断改进和创新是充满快乐的事情。

现在的考试题目越来越开放灵活，只会死记硬背，通过记住固定的套路来解题是不够的，这就要求孩子还要具备特别强的综合能力。在未来，创造力终将变成一个人的核心竞争力，是优质人才必须具备的能力。那么，我们该如何培养孩子的创造力呢？

1. 放下教育的目的性

受到"孩子不能输在起跑线上"的思想影响，现在的父母都比较重视孩子的教育，竞争越来越残酷，教育的目的性也越来越强。其实，目的性极强的教育方式，并不能让孩子变得更优秀，更聪明。

所以，要培养孩子的创造力，首先我们应该放下教育的目的性，根据孩子的天性，让孩子按自己的想法去玩，去成长。

2. 世上没有标准答案，允许孩子自由表达

很多时候，大人总是在不知不觉中创造出"追求标准答案"的教育氛围，在这样的氛围里，孩子的思想被正确

答案禁锢，表达欲望也会大打折扣，这样何谈创造力？孩子的思维方式和大人有千差万别，很多时候，他们会以我们意想不到的方式输出信息，你会发现他们比我们更有创造力。

很多问题是没有标准答案的，孩子稀奇古怪的想法就是想象力和创造力的体现。所以，我们要做的是鼓励孩子用自己独特的方式表达自己的想法，允许孩子自由表达。

3. 给孩子一个宽松自由的成长环境

孩子的天性就是喜欢玩耍，父母千万不能违背这一自然规律，应该适当让孩子回归自然，给孩子一个宽松自由的成长环境，让孩子该学习的时候学习，该玩的时候玩。这样才能让孩子保持好奇心，在思考中不断探索，孩子的想象力和创造力也会随之不断提高。

让孩子在挖掘乐趣中探索世界

创造力听起来可能让人觉得抽象，不好培养。事实上，每个孩子都拥有创造潜力。这种潜力可以追溯到3~6岁阶段，在这个阶段，孩子各方面的能力都有很大的进步，他开始对外界的各种东西感到好奇，能够自己编故事、喜欢假想游戏。只要给孩子一个自由的玩耍空间，他的创造力便会自由生长。

孩子的创造力始于自娱自乐，不依赖父母和玩具。爱玩是孩子的天性，玩是孩子成长过程中相当重要的一环。孩子在玩耍中探索世界，在游戏中模仿学习，对人际交往的参与和实践，对成功和失败的感受和体验，都是在玩耍中完成的。

父母偶尔陪孩子做一些亲子游戏，能够很大程度地满足孩子的情感需求。在做游戏的过程中，父母能起到引导孩子、启发孩子的作用，对孩子性格的塑造、心理的健康发展有着举足轻重的作用。

父母高质量的陪伴对孩子来说很重要，但是千万不要因此让孩子对父母的陪伴产生过度期待。我们在陪伴孩子的时候，一定要把握好度，不要过度参与或者过度干预。即使我们能够全身心地陪伴孩子，也要给孩子留出一些独立玩耍的时间和空间，大部分父母往往忽视了这一点。

假如你时刻陪伴在孩子身边，孩子就会缺少自己挖掘快乐的机会。适当地让孩子独处，孩子才有机会自己去寻找快乐。记住，不干扰孩子的成长，多给孩子创造一些自己挖掘快乐的机会，让孩子成为一个能够自娱自乐的人是培养孩子创造力的开始。

另外，孩子的玩具不是越多越好，拥有创造力的孩子即使玩具不多，他也能创造出很多种玩法。所以，孩子玩具的多少并不重要，重要的是能否从中发掘出更多的创意玩法。

帮助孩子戒掉电子产品的瘾

在快节奏的现代社会，大多数父母工作忙，没有时间带孩子。于是，大多数家庭就把电子产品当成了带孩子的好帮手，认为这个"电子保姆"既省心，又安全。即使有的父母有时间带孩子，但是觉得和孩子打交道会很累，为了让孩子安静下来，不淘气、不缠人，也会把孩子交给电子产品。有调查显示，当今社会，大部分父母会让孩子使用智能手机，或者是看看电视、电脑。

儿童心理学研究表明，0～3岁是孩子大脑飞速发育的关键时期，是人一生中最特殊的成长阶段。如果长时间让孩子独自看电视，不与家人交流，孩子的运动能力得不到锻炼，孩子的探索能力、想象力和创造力也没有机会得到开发。

现在的电竞产业发展非常迅速，部分青少年沉迷于电子游戏当中。孩子沉溺于游戏世界，自控力就会变差，从而导致学习成绩下降。更重要的是，孩子会不愿意与其他人产生联系，以致严重影响孩子的社交能力和与他人沟通的能力。

很多父母其实都知道孩子变成这样的罪魁祸首是电子产品，但是他们依然无法下定决心将电子产品从孩子的手中拿走。

其实，每个孩子都喜欢在户外玩。如果我们从小就将孩子带到户外，让孩子多运动，减少玩电子产品的机会，不但能增加孩子的运动量，增强孩子的体质，让孩子健康成长，还能避免孩子对电子产品成瘾。

假如你的孩子已经对电子产品产生了严重依赖，那么，从现在起，你务必下定决心帮孩子切掉电子产品这个"毒瘤"，把孩子房间里的电脑、游戏机、手机拿走，或许你会碰到前所未有的挑战，但请你鼓足勇气，没收那些电子设备，不要让孩子的人生被这些东西彻底毁掉。

包容过错，犯错是学习的好机会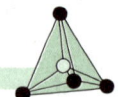

几乎所有的老师都会遇到两类学生。

第一类学生比较羞涩，不愿意表现自己，在课堂上总是担心会被老师提问，害怕自己回答不上来，于是将头埋得很低。当被老师点名的时候，他们极不情愿地站起来，即使知道答案，依然结结巴巴。因为表现不佳，所以他们羞得面红耳赤，如果有一个地缝，他们恨不得立马钻进去。

第二类学生则比较自信，上课总是踊跃回答老师的每一个问题。他们回答问题时的声音大而洪亮，即使说出的答案不正确，脸上也毫无愧色。他们不会害怕自己犯错，他们害怕的是失去表现的机会。

这两类孩子之所以呈现两极分化，与从小接受的家庭教育有关。第一类孩子从小得到的教育就是犯错误是一个不好的行为，我们应当为自己的错误行为感到羞愧。

但是，为什么这个世界更加青睐勇敢自信、不怕犯错的人呢？因为不怕犯错的人真的无往而不利，自带光芒：在学校的时候成绩好，招老师喜欢。而害怕犯错的人，往往因为不敢尝试而错失很多机会。

墨菲定律告诉我们："如果坏事有可能发生，不管这种可能性多么小，它总会发生。"由此可以衍生出无数推论：无论如何小心翼翼地走路，都有被绊倒的可能；交通规则记得再牢，也会发生一些意外；再仔细做作业，也有可能出现错误……

总之，虽然我们努力地阻止错误发生，但是总有些事情会出现差错。人人都会犯错，而犯错是学习的好机会。

有很多父母比较强势，不允许孩子犯错，这会导致孩子错过学习的好机会。因此，当孩子在学习上犯了错误，不遵守课堂纪律，或者学习成绩不理想的时候，我们首先要管理好自己的情绪，不要让愤怒覆盖我们的一切感受，做出让自己懊悔不已的决定。更不要随意给孩子贴标签，比如说"坏孩子""笨蛋"等，这样做除了会给孩子传递一些负面信息之外，对孩子并没有任何正面意义的引导。

孩子犯了错，父母如果一味地责备和批评孩子，只会让孩子产生反抗行为，甚至会推卸责任。例如孩子考试考砸了,因为他知道父母会因此而大发雷霆,为了减轻自己的过错,他会把原因归结为试卷太难,或者别人对他的影响,而不是在自己身上找原因。

如果父母对孩子犯错误的事情持包容态度,孩子可能会内疚,会从自己身上找失败的原因,他会想要默默努力,尽力去改正,争取下一次取得优异的成绩,给父母交一份满意的答卷。这样的孩子,责任感极强,而且更加独立和坚强。

简而言之,要想让孩子成为一个有想法、敢尝试、有创造力的人,一定要包容孩子的过错。从小让孩子接受这样一个事实:错误是人生的组成部分,我们与错误共生。犯错虽然不是一件好事,但犯错本身并不是一个错误。

犯错不可怕,可怕的是"一朝被蛇咬,十年怕井绳",犯过一次错之后就再也不敢去尝试,去冒险。如果你害怕犯错,那你也会因此而失去很多学习的机会。"吃一堑,长一智",犯错也是一个成长的机会。

> 学习加油站

培养孩子解决问题的能力

孩子在学习的过程中,总会遇到各种各样的难题。比如说遇上不合心意的老师、不那么满意的朋友,不管怎样努力都学不好的科目……作为父母,千万不要为了照顾孩子的情绪,而急于去解救他、保护他。其实,孩子并没有我们想象中的那么脆弱。当我们相信他的能力,不再过度帮助他的时候,他一定能够找到一种合适的方式去解决自己的难题。

我知道,对于父母来说,被孩子需要是一件幸福的事,很多父母会害怕孩子越大就越不再需要自己了。事实上,这样的担心是没有必要的,被孩子需要并不是孩子遇上一点儿小困难就立即出手相助。

我一直认为,对孩子真正的爱不是帮助孩子挡住外面的一切风雨,而是教给他们面对风雨的能力。这是孩子一生中最重要的力量。只有让他们具备独立生活、自我保护的能力，在之后的人生道路中，他们才会拥有自信和勇气，不管遇到什么样的难题都能想到解决的办法。所以，在家庭教育中，我们最好不要充当孩子的救星，而是要多鼓励孩子去直面问题，大胆尝试，你会发现，孩子会比你想象中有力量。

那么，我们要怎样做才能让孩子拥有解决问题的能力，让孩子即使没有大人的帮助，依然能够很好地解决自己的难题，成为自己的超级英雄呢？

Step1：分析问题，让孩子明白需要解决的问题是什么

当孩子遇到问题的时候，我们不要急于去帮助孩子解决问题，而是引导孩子正确清晰地分析问题，搞明白自己需要解决的问题是什么。这一步非常重要。让孩子分析自身所遇难题的时候，不单单能训练孩子的表达能力，更是对问题的进一步梳理，往往在详细描述问题的时候，孩子对这个问题的看法会更加清晰，也很有可能自己就找到了解决问题的方法。

在这个过程中，我们最好不要打断孩子的思路，也不要过多评价，当孩子分析问题时可以诱导孩子去思考问题，比如："这个问题解决了，还有其他问题吗？""这几

个问题中,你想先解决哪个?"这样能够帮助孩子梳理出问题的轻重缓急。

Step2:不直接提供建议,引导孩子主动思考解决问题的方法

分析完问题之后,我们需要引导孩子自己去思考解决问题的方法,比如:"你想到解决问题的方法了吗?""你打算怎么做?"不要直接告诉孩子解决事情的办法和途径,否则,孩子就会习得性无助。

孩子的生活经验毕竟不足,有时候他想的办法并不能很好地解决问题,这个时候,我们不要去评价这个方法的优劣,而是进一步启发孩子,比如:"除了这个办法,你想一想还有其他更好的办法吗?""这个事情你一个人能完成吗?你需要我帮你做什么?"我们要让孩子开动脑筋,尽可能多地想办法。

记住,即使孩子不能想出解决问题的好办法,我们也要让孩子经历自己动脑子想办法的过程,先让孩子自己提出来一些解决问题的方式。

Step3：与孩子共同讨论，选出最佳方案

孩子提出解决问题的方法之后，我们不要直接帮孩子做出最优选择。我们可以帮孩子列一个清单，然后和孩子一起讨论每个方法的优劣，以及方法的可行性，最后让孩子自己做决策。

Step4：引导孩子总结解决问题的经验

当孩子选出最佳方案之后，我们需要鼓励孩子根据自己的选择去大胆尝试。在这个过程中，如果孩子没有主动寻求帮助，我们应该在保证孩子安全的情况下，尽量不要去干扰孩子，让孩子独立尝试。当孩子解决完问题之后，再引导孩子总结解决问题的经验，比如："你觉得哪个地方你还能做得更好？下次怎样做才能更有效率？"

孩子在经历过这个独自处理问题的过程之后，会知道这个方法是否有效，处理过程中有什么困难？经过大人的提示之后，他会总结出一套更好解决问题的方法，当下一次遇到这个问题之后，他自然知道如何应对。

第7招

学习习惯养成打卡，21天提高自律力

自律会影响一个人的一生，当一个孩子从小就拥有自律力时，那么在他的成长过程中，这种自律力会发挥出强劲的作用，引领孩子约束自我、勇于进取、坚持不懈，最终激发出其内在的潜能，成就优秀的自我。

21天习惯养成卡,成就自律的孩子

古希腊哲学家亚里士多德对"习惯"的见解是:"人的行为总是一再重复。因此,卓越的不是单一的举动,而是习惯。"

对我们来说,习惯在很多时候都是取得成功的关键。父母在帮助孩子提升学习能力的过程中,一定要注重培养孩子的学习习惯。当一个孩子拥有诸多良好的学习习惯时,这些习惯叠加起来,将会让孩子的学习能力变得"牢不可破",进而让孩子成为无坚不摧的学习强者。

通常,人们认为"21天形成一个习惯"。当然这并不是绝对的。习惯的养成关键是重复,如果能通过21天的重复养成一些良好的学习习惯,这会是一件非常有意义的事。

所以,为了帮助孩子养成良好的学习习惯,拥有自律力,父母可以帮助孩子通过打卡来养成一些学习习惯。

下面是一张21天习惯养成卡，在这张习惯养成卡中，让孩子填写清楚需要养成的学习习惯，设置好开始日期和结束日期，看看在21天内，孩子能否每天坚持做这件事，如果做了，就让其在对应的天数处做标记；如果没有做，那么未做的这天对应的格子保持空白。

21天后，让孩子看看自己是否每天都能完成打卡，如果是，那说明可以孩子通过21天的坚持基本形成了一个学习习惯，此时就可以给予孩子的适当的奖励（看一场电影、旅行一次、吃一顿大餐等），鼓励其将这种习惯继续保持下去；如果没有养成对应的学习习惯，那就重新开始一次打卡记录，直到孩子能够连续21天完成打卡。

学习习惯养成卡

202 年 月 日　　班级　　姓名

需要养成的学习习惯	开始日期	结束日期	奖励	1	2	3	4	5	6	7	8	9	10	11	12	13	14	15	16	17	18	19	20	21

积分奖励卡,激励孩子保持自律力

自律的本质是通过自我约束来创造一种秩序,为生活争取更大的自由。那些自律的孩子,往往会有更规律的作息、做事更认真、时间管理能力更强。总的来说,自律的孩子总能管好自己,让自己处于最佳的状态,做好自己的事。

自律的对立面就是放纵,有些孩子没有自律力,想方设法地逃避自己该做的事,认为只有逃避掉这些事自己才能获得快乐。这实际上是这些孩子没能从自律中感受到快乐的缘故,片面地以为只有放纵才能给自己带来快乐。

为此,父母就要有效引导孩子认识自律以及让孩子从自律中体验到快乐。

一是试着让孩子及时进行休息。对大部分小孩来说,能坚持30分钟左右的时间做某件事已经很不错了,那么在他坚持30分钟左右的时间后,就让其进行适当的休息,活动一下四肢，使大脑能得到放松，这样就不会在大脑中留下自律等于疲惫的印象。同时，在给孩子安排任务时，不要布置的过多，以免一次性消耗孩子过多的精力。

二是给予孩子积极的心理暗示。在孩子每次自律地完成任务后，给予积极的心理暗示，多多赞美孩子，说一些鼓励性的话语等，这会让孩子内心产生"自律的感觉真好"的体验。

孩子一旦具备了自律力，将会长期受益。但很多时候对孩子自律的口头表扬往往难以起到持久的作用。因此，可以将激励孩子的方式层次化、多样化，这样鼓舞孩子坚持自律的效果会更佳。

为此，父母可以多多使用积分奖励卡来帮助孩子提升自律力。

在使用积分奖励卡时，告诉孩子，每实现一个目标，就能获得对应的积分奖励，每当积分累积到100分的时候，就满足孩子一个愿望。与孩子确定好积分奖励卡的实用规则后，在孩子完成每个目标后，就和孩子一起来填写积分奖励卡，让孩子用更加直观的方式看到自己努力的成果，这会让其坚持自律的动力更强。

积分卡				
姓名：	奖励：		总积分：	
目标	开始时间	结束时间	奖励积分	完成情况
参加作文大赛			30	
参加机器人大赛			20	
……				

 后记

写给家长的一封信

我非常理解父母"望子成龙,望女成凤"的心思,我也知道,没有哪个父母会从一开始就认为自己的孩子平平无奇。为人父母都或多或少地对孩子抱着些许期待,但是,事实上,这个世界上只有一小部分人能成为顶尖人才,大多数人都是平凡人。

当孩子不能满足你的期待时,你会怎样对待他呢?我们常常会看到一些因为对孩子抱有过高期待而给亲子关系带来伤害的例子,也无数次听到父母用充满失望的口吻对孩子说:"我们累死累活都是为了你,你就给我考出这样的成绩?"

父母以为这是在激励孩子更加努力,是对孩子的爱。其实这不是爱,真正的爱是虽然对孩子不能取得优异的成绩有所遗憾,但是依然会用温暖的怀抱接纳孩子,接纳那个不是第一名的孩子、成绩不及格的孩子……你爱

他，没有任何条件地爱他，不管他是否优秀，都能够对孩子说："我关心的是你是否快乐，而不是你是否能够考第一名。"

为人父母，我们想给孩子最好的教育，想把他培养成顶尖的人才本无可厚非。但是，最重要的是孩子需要探索自己真正感兴趣的领域，而不仅仅是为了满足父母的期待。成功也并不是只有一种形式，把平凡的工作做好，也是一种成功。你需要明白这一点，你的孩子更加需要。

当然，合理的期待并不意味着完全放弃培养孩子。我们要根据孩子自身的情况，为孩子提供合理的帮助和支持。有时候，提供帮助和过度控制只是一线之隔，我们要把握好这个度，在孩子需要帮助的时候及时给予帮助，而不是把我们认为好的东西一股脑地硬塞给他。

但做好事，莫问前程。我们要学会接受孩子的平凡，对孩子抱以合理的期待，尽量不把我们的关注点全部放在孩子的成绩上面，而是要更加关注孩子做事情时认真的态度，面对困难挫折时坚定的意志，对人热情，充满仁爱等积极的品质上。

全面、客观地看待孩子的情况，对孩子的缺点或遇到的挫折持理智的态度，并引导孩子正确看待自己，以积极正向的方式面对一切，如此，不管孩子的成绩是否优秀，不管在今后的生活中遇到怎样的挫折，他都能成为一个人格健全的人。

记住，学习的最终目的是让孩子拥有健全的人格。在这个基础上，再引导他根据自身的能力去追逐自己的梦想，去实现自我价值，做一个对家庭、对社会、对国家有用的人。